Y₂

Œuvres illustrées de Méry.

Il prit l'aiguille d'or de la chevelure de Stellina et burina un mot sur la poitrine de la jeune fille.

L'AME TRANSMISE

I.

UN JOUR DE NOCES

Peu de voyageurs ont visité la maison de Solimène. Elle était bâtie sur le sommet d'une petite montagne, dans la chaîne du Vésuve. Un vaste bois de pins l'entourait ; la façade seule était à découvert. On jouissait là d'un point de vue magnifique : en face le volcan, la mer au bas, Naples au fond du golfe.

Cette maison, ou pour mieux dire ce château, avait une physionomie originale ; l'architecture en était lourde, massive, sans grâce, sans ornement. C'était sans doute une imitation, une réminiscence d'un de ces manoirs féodaux qui abondaient en France. Une tour carrée, à belvéder, dominait l'édifice. On l'apercevait de loin, mêlée aux cimes des pins arrondis en parasol.

Il n'y a que des ruines aujourd'hui sur ce sommet; quelques chevriers s'y arrêtent, ou des artistes voyageurs qui cherchent des sites à peindre. Vers la fin du dix-septième siècle, Solimène y avait établi son observatoire et son atelier. A cette époque, ce château était presque entièrement dévasté et à peu près inhabitable.

Le 10 mai 1646, de longs cris de fête couraient autour de ce château, jaillissaient de toutes ces croisées ouvertes, éclataient dans le bois avec les mystérieuses symphonies des pins, avec les roulades lascives des vagues qui s'éteignaient sur les récifs d'Ischia. On avait épuisé les fleurs des rosiers et des orangers pour faire serpenter des arabesques rouges et blanches, de la base au sommet du château. Mille banderoles flottaient sur les corniches; le drapeau castillan, hissé sur la grande porte, laissait frissonner au vent son lion et sa tour; la volupté courait dans l'air avec la poussière lumineuse et transparente du midi, avec les parfums du thym, de l'algue marine, de la mer amoureuse; avec les sons stridents des mandolines, avec les chants des filles napolitaines, qui dansaient la *tarentelle* sur les feuilles sèches et glissantes des pins. L'entraînement du plaisir ébranlait cette radieuse colline, tant dorée par le soleil, tant caressée par les vagues.

L'objet de la fête était un excitant pour les jeunes gens et les jeunes femmes : on venait de bénir le mariage de Stellina, vierge de quinze ans, fille du comte espagnol Las Vegas, le maître du château. Elle épousait son cousin germain, Léontio, fils du duc d'Ottayano, jeune homme de dix-huit ans, amoureux comme un écolier, dont un nom seul de femme brûle les joues, brun et fort comme un marin d'Ischia, passionné comme un artiste.

Les dames et les jeunes seigneurs espagnols et napolitains se plaisaient à regarder ces deux enfants époux qui se promenaient dans une allée solitaire, en donnant fort peu d'attention aux jeux et à la fête splendide dont ils étaient les héros. Léontio ne voyait que sa jeune femme, celle qu'il avait tant aimée, tant désirée depuis ce jour où elle ne lui parut plus une sœur, où elle se révéla dans tous ses attraits de jeune fille, où elle remplit le château, la colline, les bois de sa grâce de vierge, de son atmosphère d'amour et d'angélique volupté. Léontio la tenait légèrement par la main, puis il la laissait marcher devant lui, et ses lèvres frissonnaient; un feu brûlait sa langue; le sang lui tintait au cœur, quand il la caressait ainsi de ses regards, cette embaumée création, cette ange si fraîche, si suave, si femme, celle qu'on avait surnommée la belle blonde aux yeux noirs. Quelquefois, en la voyant silencieuse, immobile, rêveuse, il tressaillait comme de peur; car il lui semblait que Stellina n'était pas une réalité de femme, qu'elle allait lui échapper comme une apparition des bois ou une idée d'artiste, matérialisée un instant. Ce qui lui donnait cette folle erreur, c'était le costume qu'avait revêtu la jeune épouse; c'était la figure nouvelle, le corps nouveau que ce costume lui donnait ce jour-là. Par un délicieux caprice, elle avait combiné les parures nuptiales de Séville et de Naples; sa robe blanche, à long corsage, à pointe de velours noir, était comme la traduction fidèle des plus gracieuses formes que Dieu ait inventées pour composer la femme. Les fleurs de l'oranger semaient leurs étoiles blanches dans les boucles de sa belle chevelure; son cou nu, d'une pureté pleine de vie et de fraîcheur, laissait deviner à l'amoureux jeune homme toute la somme de plaisir que la nature avait mise dans ce corps de vierge enfantine. A cet instant même où cette femme était enfin à lui, où il se complaisait à laisser tomber de sa bouche, en les savourant avec lenteur, ces deux mots : *Ma femme*, eh bien ! il était craintif et retenu comme un amant, au jour de sa déclaration; il était effrayé de son pouvoir nouveau sur elle, et quand il pensait qu'avec un signe d'époux, et dans un écart de promenade dans l'obscurité du bois, il pouvait s'initier dans tous les pudiques mystères de sa femme, alors le sang lui manquait aux genoux, son cœur se gonflait, une rosée amère desséchait sa langue; si fort et si jeune, il se sentait écrasé par un bonheur aussi pesant que l'infortune. Il s'applaudissait du répit que lui donnait une journée de printemps, toujours si longue avant le tomber de la nuit. Son espoir était de se préparer par un noviciat de quelques heures à cette immense révélation de volupté, à ce tête-à-tête nuptial, dont la seule pensée étreignait sa gorge comme un collier de fer.

Stellina regardait son époux avec un air significatif de résignation douce; mais Léontio ne comprenait pas : il vivait dans un monde nouveau, avec des larmes aux yeux, des frissons partout; il commençait des mots dont la fin s'évaporait dans sa bouche en des roucoulements sourds. Toujours marchant, silencieux tous deux, ils étaient arrivés sur une pointe de rochers où était bâti un délicieux pavillon de repos, qui commandait la haute mer. C'était une rotonde à colonnade étouffée par des masses de chênes, de myrtes, de tamarins : il y faisait très-sombre, car la verdure était haute et fort épaisse; une eau mélancolique tombait d'un griffon de marbre dans un bassin couvert de larges feuilles stagnantes de nénuphar. C'était le seul bruit qu'on y entendît, et il donnait à rêver. Dans la salle du pavillon, le grand peintre l'Espagnolet, par un caprice d'été, avait peint des fresques lascives et de libertines arabesques, comme un artiste les voit en rêve, quand il s'est endormi avec un désir.

Alors une voix s'éleva, musicale et veloutée, qui fit tressaillir Léontio, comme s'il ne l'eût jamais entendue!

— Ah! mon ami, n'entrons pas; c'est le pavillon interdit aux dames!

— Oh! ma femme, aujourd'hui tout t'est permis, à toi. Viens, reposons-nous; le château est bien éloigné : entends comme les voix de nos amis nous arrivent à peine. On a respecté le mystère de notre promenade. Viens, Stellina; viens, ma femme : nous sommes... seuls...

Ce dernier mot fit pâlir la jeune épouse. Léontio le répéta tout bas.

Il s'assit, entraînant mollement sa femme sur ses genoux.

— Laisse-moi t'embrasser, lui dit-il avec une voix étouffée; c'est la première fois que je goûte les lèvres d'une femme. Oh! que j'en ai soif!

Stellina poussa un cri effrayant et courut se cacher derrière une colonne. Léontio se leva, mit l'épée à la main et cria d'une voix de tonnerre :

— Que venez-vous faire ici, vous ?

Cette brusque interpellation s'adressait à un moine qui s'était encadré dans un arceau d'entrée et qui regardait froidement les deux époux.

— Excusez-moi, mon frère, dit le moine : j'allais me retirer quand j'ai vu qu'il y avait indiscrétion ; mais madame m'a tout de suite aperçu. Je fais la quête dans la campagne et je m'arrête toujours un instant ici pour me désaltérer à la fontaine. Mon couvent est à l'Annunciada ; on peut en voir le clocher d'ici. Jeune homme, vous êtes bien prompt à la colère ; que Dieu vous garde de malheur le jour de votre mariage !

— C'est singulier, dit Léontio en souriant, comment savez-vous, mon père, que je me marie aujourd'hui, vous qui n'êtes pas de ce monde ?

— Je ne suis pas de ce monde, évangéliquement parlant, mais je suis de la Campagne de Naples, et votre mariage avec madame a fait tant de bruit, du Vésuve à la Chartreuse, qu'il en est arrivé quelque chose au jardin de notre couvent.

— Eh bien ! dit Stellina, priez Dieu et saint François pour nous ! Léontio, donnez quelques ducats au frère quêteur.

— Nous n'acceptons jamais de l'argent dans nos quêtes, ma jeune dame ; ma besace est vide aujourd'hui, comme vous voyez ; mais je comptais bien la remplir avec quelques miettes de votre festin de noces ; j'allais au château dans cette intention : la table du bon riche n'est pas fermée au pauvre Lazare !

— Nous vous accompagnerons, dit vivement Stellina ; il se fait tard, on est peut-être inquiet au château.

— Ma compagnie vous sera peut-être importune, dit le moine en baissant les yeux.

— Elle nous portera bonheur, mon père !

Et ils quittèrent tous trois le pavillon, Léontio triste et muet, Stellina gaie et légère, le moine avec un air indifférent à tout, comme un stoïcien qui a pris l'insouciance par métier.

C'était un homme de quarante ans environ, d'une figure fraîche et sereine ; il eût été bien difficile de trouver dans un pli de sa joue, dans une intention de ses regards, la moindre trace d'une passion ; c'était la béatitude faite homme. Sa voix était douce et claire comme la voix d'une femme ; l'étrangeté de ce timbre avait frappé Léontio et Stellina, Stellina surtout, car Léontio avait entendu les chœurs féminins d'hommes dans la chapelle Sixtine, et il pouvait s'expliquer naturellement la bizarre voix de ce religieux.

En sortant du pavillon, le moine ramassa une épingle d'or tombée des cheveux de Stellina et la lui rendit gracieusement ; la jeune épouse rougit.

Ils arrivèrent au château presque à la nuit. Le seigneur Ottayano était allé au-devant de son fils et de sa belle-fille pour leur annoncer que Salvator Rosa venait de terminer leurs portraits, et qu'on avait inauguré les deux tableaux dans leur chambre nuptiale.

— Que je voie le portrait de ma femme ! s'écria Léontio. Mon père, regardez-moi Stellina.

Le moine s'inclina profondément devant le duc.

— Il nous a accompagnés depuis.. là-bas, ce bon religieux ! dit Stellina.

Ottayano regarda fixement le moine, qui se laissa regarder avec sa bonhomie ordinaire.

— Que venez-vous chercher ici, mon père ? lui demanda le duc.

Le moine fit un signe de quêteur, en montrant sa besace.

— Est-ce que vous êtes muet, mon père ?

— Non, non, répondit le religieux à voix basse et avec un sourire charmant.

— Quel est votre nom parmi les saints ?

— Spiridione.

— Et parmi les hommes ?

— Dieu le sait.

— Comment ! vous ignorez votre nom ?

— Je l'ai oublié.

Toutes ces réponses du moine étaient faites à demi-voix, d'un air modeste, les yeux tantôt levés au ciel, tantôt fermés. Ottayano continua cette espèce d'interrogatoire.

— Me tromperais-je ! mon père, je crois vous avoir vu passer tout près du château il y a trois heures environ ; vous suiviez l'allée de pins qui mène à Torre di Grecco.

— C'était moi-même ! je venais de voir l'économe de la chartreuse Saint-Martin, j'avais pris au retour ce chemin, comme le moins long.

— Votre figure ne m'est pas inconnue, mon père ; avez-vous vécu dans le monde ?

— Jamais.

— Avez-vous des parents ?

— Aucun.

— Vous seriez donc ?..

— Oui, seigneur.

— Ce n'est pas un crime.

— C'est un bonheur. Je suis tout à Dieu !

Ottayano s'arrêta, comme maîtrisé par une pensée de triste souvenir ; il regardait la terre, jouait du bout de sa bottine avec les feuilles tombées, et détachait, d'un doigt distrait, l'écorce écailleuse d'un pin.

— Si vous le permettez, seigneur, dit Spiridione, j'irai me reposer dans vos écuries ; il est fort tard ; je ne me remettrai en route que demain. Je me confie à la charité de vos valets pour remplir ma besace.

— Oui, oui, dit le duc, toujours préoccupé ; je leur donnerai mes ordres, je leur prescrirai d'être charitables... Mais est-ce que vous pouvez vous absenter la nuit, mon père ?

— Il y a force majeure ; d'ailleurs j'ai l'autorisation de mes supérieurs. Quand je suis en quête, je passe souvent la nuit hors du couvent, en été surtout.

— Craignez-vous les bandits ?

Spiridione fit un léger sourire.

— Les bandits ! Oh ! ils n'attaquent point les ordres mendiants ; ce serait une triste curée pour eux que ma besace ; je crains les précipices, ma vue est fort basse ; la nuit, je n'y vois pas du tout, et le chemin d'ici au village de l'Annunciada est fort mauvais ; il est pire encore du village au couvent, surtout depuis la dernière éruption. Au reste, si ma présence vous gêne, j'irai demander retraite au couvent des Camaldules...

— Oh! mon père, dit vivement Stellina, comment pouvez-vous penser cela? Le jour de mon mariage, nous refuserions l'hospitalité à un religieux! Mais ce serait un crime devant Dieu et les hommes! Il y a place au château pour tous les fils de saint François; ils seront toujours les bienvenus, de nuit ou de jour. Venez, venez avec nous, mon père Spiridione, venez; voulez-vous prendre mon bras?

Spiridione fit un signe pudique de refus, comme s'il se fût alarmé à l'idée seule de se mettre en contact avec une étoffe de femme.

— Madame, dit-il, j'aurai l'honneur de vous suivre comme un valet indigne.

Ottavano, Stellina et le moine sortirent du bois de pins et traversèrent l'esplanade du château, tout encombrée d'une foule joyeuse qui salua d'un long murmure d'admiration la jeune épouse, que son père soucieux tenait par la main.

L'ardent Léontio était encore dans la chambre nuptiale; il y était seul, il n'avait pas permis à son meilleur ami de l'y accompagner, de peur qu'un souffle profane ne se glissât dans cette virginale atmosphère, dans cette alcôve sainte où rayonnait le lit de Stellina. Que de fois l'amoureux jeune homme croisa dévotement ses mains, comme pour une prière mentale, devant le magnifique portrait de sa femme, ce chef-d'œuvre du peintre napolitain! Qu'il avait bien compris cette vierge d'exception, le grand artiste! Ce n'était ni une belle femme, ni une jolie femme que son pinceau avait reproduite, c'était l'idéalisation de l'ange, avec les formes de la vierge; une de ces figures qui ne rappellent aucun besoin, aucune infirmité, aucune misère de notre triste nature. Cette jeune femme peinte n'était pas née de la femme, elle s'était sans doute révélée au monde, une nuit de printemps, comme une émanation parfumée; elle vivait de la vie des fleurs ou des anges. Sous cette chair lumineuse, dorée, transparente, le squelette humain ne se faisait point sentir; l'enivrement d'une exquise volupté vous saisissait devant cette toile, et quand on la regardait réfléchie dans la grande glace de la chambre, alors, par un jeu singulier d'optique, cette délicieuse figure semblait vivre dans un lointain vaporeux, ces grands yeux noirs étincelaient sous un front pur, sous une chevelure ruisselante d'or; alors l'animation de ce portrait était si complète qu'on se serait pris pour lui d'un amour véritable, d'une passion folle, qu'aucune femme n'aurait pu contenter. Une nuit passée devant ce portrait eût paru le bonheur suprême à quelques-uns de ces jeunes et passionnés Italiens qui ne vivaient que pour les arts et pour les femmes. C'était à s'épuiser d'amour, à se suicider par des excès d'illusions; c'était à se ruer sur cette toile divine, jusqu'à ce que la couleur eût disparu dans une nuit de baisers délirants, de folles extases! Oh! que je suis heureux, s'écria Léontio exalté, ma femme est encore plus belle que cela, et voilà le chevet où elle se réveillera demain!

Il sortit, les joues en feu, pour recevoir Stellina. Dans son ivresse, il n'avait pas daigné jeter un seul coup d'œil au portrait qui servait de pendant à celui de sa femme, au sien; c'était encore un admirable ouvrage. Soit modestie, soit oubli, ces deux tableaux n'étaient pas signés du peintre. Sur un angle, au bas, on lisait : *Stellina* et *Léontio*, 10 mai 1646.

Il y avait foule sur l'esplanade du château, quand Léontio y descendit; il découvrit bientôt Stellina, car elle semblait luire, avec son auréole de cheveux et de chair rose, dans une constellation des plus jolies femmes napolitaines, l'élite de cette cour voluptueuse d'Espagnols qui avaient transporté dans la *Villa-Réale* les amoureuses traditions de Séville, de Grenade, de Valladolid. La nuit était tombée; mais les cent croisées ouvertes du château versaient des rayons de lumière sur la terrasse, et cette clarté plaisait mieux aux femmes que celle du jour; elles passaient avec une gracieuse nonchalance devant les groupes de jeunes seigneurs, en s'abandonnant à leur admiration : elles marchaient en tournoyant comme une ronde fantastique, appuyant à peine leurs pieds d'enfant sur le pavé de marbre, la tête penchée sur une épaule, avec des ondulations de corps si douces à l'œil, qu'on les ressentait électriquement, comme si on les avait toutes étreintes à la fois. Un murmure musical de voix italiennes s'élevait de cette foule qui ne parlait qu'amour, ne rêvait que plaisir, ne respirait que séduction. Les grands pins qui couronnaient le château, ouvrant à la brise du golfe leurs feuillages d'aiguilles vertes, formaient comme un orchestre aérien de suave et mystérieuse harmonie; des chansons d'amour sortaient de toutes les allées, où la nuit et les arbres couvraient tant de secrètes extases, tant de groupes égarés. Au bas de la colline la mer semblait rouler des étoiles en fusion; la ville et le port échangeaient leurs clartés vagabondes; le vent s'endormait sur le Pausilippe, ce vase immense de parfums, et à son réveil il secouait partout ses richesses embaumées, comme un navire arrivé de Manille ou de Ceylan. A cette fête napolitaine, le Vésuve s'était chargé de feux d'artifice; le volcan, comme un officieux voisin, rapetissait sa formidable voix et simulait une éruption avec une fumée diaphane, une esquisse de laves, une profusion d'innocentes flammes du Bengale qui, par une clarté soudaine, trahissaient toutes les choses secrètes accomplies dans les pins sur la foi de l'obscurité; car, en ces jours de corruption, en ces climats de fièvre amoureuse, sur cette terre des antiques bacchanales, c'était encore comme aux veillées des fêtes de Vénus : un immense cri d'amour, un irrésistible besoin de volupté, courait dans la foule des adorateurs, tout autour du temple de la déesse, et l'hymen se voilait les yeux d'un bandeau, pour ne pas voir tant d'infidèles qui reniaient son inutile protection.

Un singulier incident jeta quelque distraction dans tout ce monde, qu'un jour de mariage avait fanatisé de plaisir; parmi les valets qui distribuaient les rafraîchissements, on remarqua le moine Spiridione qui, dans une attitude de mortification, s'était résigné aux fonctions humiliantes de la domesticité. Il passa, d'un air distrait, devant Léontio et Stellina; le jeune époux l'apostropha gaiement : — Pardon, mon père, quel métier faites-vous donc cette nuit? Je serai forcé d'écrire au Saint-Père pour vous laver de l'interdiction que votre général va vous lancer un de ces jours.

Spiridione s'inclina, comme s'il n'avait pas aperçu Léontio et sa femme.

— Mon fils, lui dit-il avec un accent de candeur touchante et de sainte mélancolie, mon fils, je n'ai jamais été exposé à la tentation du mal dans ma vie ; quel mérite ai-je devant Dieu, si je ne l'ai jamais gravement offensé ? La palme ne se donne qu'à celui qui a combattu, je ne pouvais choisir une occasion meilleure ; tous les piéges de l'enfer sont ici ; je veux voir si je suis assez fort pour dormir dans quelques heures du sommeil des forts, si je puis braver avec le secours de la grâce les impurs fantômes des nuits, *noctium phantasmata.*

En achevant sa phrase mystique, il offrit sur un plateau d'argent de l'eau sucrée au cédrat à Léontio et à sa femme.

Les deux époux apaisèrent leur soif ardente et remercièrent gracieusement leur évangélique échanson. Spiridione continua son service volontaire jusqu'au moment où la cloche sonna le coucher des époux.

On entendait dans le lointain pleurer minuit au clocher de la Chartreuse ; la façade du château s'éteignait, de croisée en croisée ; les jeunes filles des campagnes descendaient la colline, en se racontant les toilettes des dames ; les dames et les jeunes seigneurs retournaient à Naples de toute la vitesse de leurs chevaux. Les parents et les intimes avaient été retenus au château ; le calme descendait avec les heures matinales, un silence moral purifiait le bois de pins ; après le rire, la joie, les chansons, venait cette sourde mélancolie des nuits, cette tristesse aérienne, bien plus sensible dans les lieux où le marbre semble palpiter encore sous le pied des danseurs, où les fleurs tombées sont tièdes encore du sein de la femme qui les échauffa.

Léontio était aux genoux de son épouse.

Stellina était assise sur un fauteuil dans sa chambre. Deux lampes de forme antique éclairaient le groupe nuptial. Stellina était belle à faire mourir d'envie ; Léontio tremblait de bonheur. Les portraits semblaient regarder amoureusement leurs originaux.

— Le peintre m'a bien flattée, dit Stellina, pour dire quelque chose d'étranger à sa position.

— Il t'a flattée ! s'écria Léontio. Lui !.. et Dieu même ne pourrait peindre une image plus belle que la tienne ; les anges de son paradis sont jaloux de toi et murmurent contre Dieu ; si tu passais dans le cimetière de Chiaïa, les morts frissonneraient sous ta robe ; il t'a flattée ! lui, ce peintre impuissant ! ne pouvant te peindre, il s'est résigné à faire un chef-d'œuvre. Et puis, cette robe, ces dentelles, ce velours, tout cela n'est pas toi ; il a fait des draperies parce qu'il lui était défendu de voir et de peindre ce que mes yeux seuls peuvent voir... Entends-tu, Stellina ?..

— Oui, mon ami.

— Donne-moi tes pieds à baiser ; je veux les voir nus ; donne-moi tes beaux cheveux...

— Mon ami, mon ami, tu me fais peur... Attends... j'ai des frissons ; là... je dois être pâle...

— Oui... c'est la pâleur des jeunes épouses, c'est le frisson du lit nuptial ; oh ! que tu es belle avec cette pâleur ! Oh ! que je te plains ! tu ne peux pas t'aimer ! Viens, viens, laisse-moi te porter ; je sens que ma poitrine se rompt, tiens; tiens, je pleure de joie ! Oh ! que tu es belle ! ô Dieu ! je vous remercie, je suis l'élu de votre choix ; mon bonheur m'alarme ! que vous ai-je fait pour être si heureux ! Stellina, Stellina, tu parais souffrir...

— Je te l'ai dit, mon ami, j'ai des frissons, j'ai froid : laisse-moi remettre ma robe.

— Et moi aussi, j'ai froid, j'ai chaud, j'ai soif, j'ai tout. Sais-je bien ce que j'ai ? mon cerveau brûle, mes yeux se vitrent, mes dents s'entrechoquent, il n'y a qu'un remède à cela, nous serons heureux et calmes demain !.. oh ! viens...

— Mais que tu es pâle aussi, toi, Léontio, bien pâle, toi si coloré toujours ! Regarde-toi au miroir, mon ami.

— Un crime ! c'est une minute perdue à regarder une autre figure que la tienne. Oh ! viens, viens !

— Tes mains sont glacées, Léontio. Mon Dieu, mon Dieu, j'ai peur ! Ah ! il me semble qu'on a parlé dans cette alcôve... Léontio, mon époux, tes joues se creusent, tu souffres.

— Oui, oui, un peu. Ce n'est rien. Ah ! c'est que je désire tant, Stellina ! Oh ! que ton sein est beau comme cela ! Dénoue tes cheveux... là, bien, laisse-les couler sur ton sein. Ah ! je souffre beaucoup, Stellina : je n'ai plus la force de t'emporter sur mes bras, mes pieds s'engourdissent, ma voix s'affaiblit, et toi aussi, ma femme ?

— Mourante, mourante, mon ami, mon époux.

— Grand Dieu ! s'écria Léontio en pleurant, que nous arrive-t-il donc ?

Et il tourna tristement les yeux vers le lit. En ce moment il lui sembla qu'une main entr'ouvrait les rideaux de l'alcôve et faisait grincer leurs anneaux de fer.

Léontio s'épuisa dans un dernier effort à saisir son épée, mais il retomba sur ses genoux.

— Réponds-moi, dit-il d'une voix éteinte à sa femme, réponds-moi, parle-moi, Stellina, seulement comme je te parle.

Stellina étendit son bras péniblement et saisit les cheveux du jeune homme ; ses lèvres se mouvaient, comme si elle eût tenté inutilement de répondre, comme si elle récitait quelques prières d'agonie. La mort avait déjà jeté son vernis sur ce corps de jeune femme si beau dans sa nudité.

En ce moment des voix mélodieuses chantaient la sérénade des noces.

— Oh ! oui, oui, chantez, chantez, dit à voix sourde Léontio.

Et des larmes tombèrent sur ses joues de cire. Les voix chantaient l'air mystique de Palestrina sur ces paroles profanes :

> La vague vient de Sorrente
> Odorante,
> Sur nos têtes Vénus luit ;
> Comme toi fille de l'onde,
> Belle blonde,
> Et va dorer ta nuit.
>
> Vénus voit ton hyménée :
> Elle est née

Sur ces flots que nous aimons;
Elle embaume de sa bouche
  Et ta couche,
Et l'oranger de ces monts.

Laisse tes persiennes vertes
  Entr'ouvertes,
Au balcon des corridors;
Que toute harmonie arrive
  De la rive
Jusqu'à l'alcôve où tu dors.

Entends-tu dans de doux rêves,
  Sur les grèves
Fuir le flot napolitain;
Entends-tu la voix touchante
  Qui te chante,
Au bord du canot lointain?

Entends-tu les mandolines
  Aux collines
Où se font les doux larcins?
Les vagues napolitaines,
  Les fontaines
Qui tombent dans les bassins?

Entends-tu la douce brise
  Qui se brise
Dans les jasmins espagnols,
Dans les myrtes de nos îles,
  Doux asiles
Où chantent les rossignols?

Ah! toutes ces harmonies
  Sont unies;
Elles parleront demain
A la vierge de la veille,
  Qui s'éveille
Voilant ses yeux de sa main.

Dans cette nuit amoureuse
  Sois heureuse;
Aux bras de ton jeune amant
Jouis de l'heure présente,
  Séduisante,
Car l'heure à venir nous ment (1).

Léontio étendit sa main vers la croisée et secoua la tête avec un mélancolique sourire. Stellina reprit ses sens dans un vif accès de douleur.

— Mon ami, murmura-t-elle; nous sommes empoisonnés!

— Ce n'est pas possible! s'écria le jeune homme avec un dernier effort de convulsion; Dieu serait criminel de nous faire mourir ainsi. Moi, mourir avant toi, morte! aujourd'hui!.. Non, non, la mort n'est pas faite pour nous, pour toi, belle et puissante comme la vie!.. Ah! je sens que mes entrailles se fondent!

Stellina toucha les mains de Léontio et lui dit d'une voix éteinte :

— Mon ami, embrasse-moi encore une fois.

Ces paroles suprêmes galvanisèrent Léontio. Il se leva et retomba aussitôt sur le corps de sa femme, en l'étreignant avec des doigts convulsifs.

(1) Ce rhythme, si connu dans notre Midi par les vieux cantiques populaires de *Joseph* et de l'*Enfant prodigue*, doit à Palestrina un air plein de charmes et de naïveté.

— Non, dit le malheureux époux, non, nous ne mourrons pas, ceci est une épreuve; va, si nous mourrions aujourd'hui, Dieu est juste, il nous ressusciterait demain.

Des adieux funèbres se murmurèrent lèvres sur lèvres; les deux mariés roulèrent sur le pavé de marbre. C'étaient deux cadavres nus, les plus beaux qu'un fossoyeur ait pollués de sa main.

Alors un homme sortit précipitamment de l'alcôve : c'était le moine Spiridione. Il regarda les cadavres avec une expression de joie satisfaite. Il prit l'aiguille d'or de la chevelure de Stellina et burina un mot sur la poitrine de la jeune fille. Le sang figé servit d'encre; l'aiguille resta dans la chair; puis, il noua une échelle de corde au balcon de la chambre, descendit sur l'esplanade et s'enfonça dans le labyrinthe des pins.

II.

TRANSITION.

A dix heures du matin, hormis quelques paysans et les valets, personne n'était sorti du château. Toutes les croisées étaient encore fermées; la chaleur s'annonçait déjà sur la plate-forme, une brise bien légère murmurait dans les bois.

Le comte de Las Vegas et sa femme parurent les premiers sur le perron du nord, en négligé du matin; les dames arrivèrent ensuite, mêlées aux jeunes seigneurs. Toute cette société oisive et heureuse marchait avec nonchalance dans la grande allée de pins; il y avait sur les figures quelques signes d'abattement et de lassitude.

Un éclat de rire suspendit la promenade et groupa les promeneurs.

C'était le duc de Matalone qui arrivait du château en faisant retentir le bois de la bruyante expression de sa gaieté.

— Mesdames, dit-il, je viens de passer sous la croisée des deux jeunes époux; devinez ce que j'ai vu?

Une curiosité muette l'interrogea vivement par son silence.

— J'ai vu une échelle de corde liée au balcon; nos deux chers enfants se sont enlevés.

— Enlevés! s'écria-t-on en chœur.

— Oui, enlevés! poursuivit le duc. A quoi servent les échelles de corde? Venez donc voir, mesdames; le trait est original; à la première nuit des noces! c'est neuf dans l'histoire de l'amour.

La compagnie courut follement, le duc en tête, sous le balcon de la chambre nuptiale. La croisée était large ouverte, l'échelle pendait; toutes les voix crièrent : *Léontio! Léontio!* La comtesse de Las Vegas appela sa fille avec un accent d'inquiétude. Aucune voix ne répondit.

— Il faut monter, dit le comte, et frapper à la porte. On courut à l'escalier; la porte de la chambre fut heurtée d'abord avec ménagement, puis secouée avec fureur, puis enfoncée d'un coup de marteau. La chambre fut envahie; je ne vous dirai pas la scène d'effroi qui suivit. Les deux cadavres étaient étendus au grand jour. Les rayons jouaient avec la gorge nue de Stellina; la pauvre fille était déjà verdâtre; chemin faisant, le soleil s'amusait à la parcourir.

On avait emporté mourantes les deux mères; toutes les dames avaient quitté la chambre en poussant de longs cris d'horreur; les seigneurs Las Vegas et d'Ottayano trouvaient dans leur fermeté d'homme assez de courage pour contempler leurs enfants morts. Ils étaient auprès, debout, les bras croisés, des larmes aux yeux, muets, et s'interrogeant quelquefois l'un l'autre par un regard plein d'expression.

Tout à coup le duc d'Ottayano se pencha vivement sur un des cadavres en disant d'une voix sourde:

— Il y a quelque chose d'écrit à la pointe d'une aiguille; c'est indéchiffrable pour moi. Las Vegas, vous ne pleurez pas, lisez.

Ottayano lut ce mot: VENGÉ!

— Compris, dit froidement Las Vegas.

Ottayano secoua la tête et prononça d'une voix presque inintelligible les deux mots: *C'est lui!*

Puis l'écume jaillit des lèvres de Las Vegas, le sang gonfla les veines de ses tempes; il roidit fortement ses jambes sur le parquet et s'écria d'une voix sourde:

— Le misérable! il m'a mis en défaut hier! Un instant j'ai cru le reconnaître, un seul instant! Le fracas de la journée m'a ôté la réflexion! il y a vingt ans que je ne l'avais vu.

— Oui, vingt ans! dit Ottayano. Je le croyais mort.

— Mais il faut nous venger, Ottayano, il le faut... Nous enverrons nos braves au couvent de Torre di Grecco... N'est-ce pas, Ottayano?

— Inutile! inutile! le bandit n'est plus au couvent à l'heure qu'il est.

— Malédiction de Dieu! il nous échappera! il faut partir sur-le-champ, Ottayano... sur-le-champ... il faut aller à Naples; il faut aller raconter le crime au duc d'Arcos... C'est aux inquisitionnaires du vice-roi qu'il faut confier la recherche du brigand; les sbires le trouveront, c'est sûr; il aura quitté l'habit religieux... Il s'est jeté peut-être parmi les lazzaroni; peut-être est-il en fuite sur la route de Salerne ou sur la route de Rome; il faut que le vice-roi nous serve... Allons à Naples, Ottayano.

— A Naples! Oui, demain, nous irons à Naples; mais nous ne pouvons quitter nos femmes aujourd'hui.

— Ah! oui, oui. Pauvres mères!

— Le duc de Matalone parlera pour nous au vice-roi; il s'apprêtait à partir tantôt. Matalone nous servira; demain nous le rejoindrons à la Villa-Royale.

— Oui, oui, cela vaut mieux. Allons voir Matalone. Ces pauvres enfants!

Les deux malheureux pères quittèrent cette chambre funèbre à pas lents, et comme à regret; en sortant, Las Vegas montra le lit nuptial à son ami; des sourires affreux coururent sur leurs lèvres pâles et frissonnantes. Le lit était encore recouvert de sa magnifique étoffe aux franges flottantes de soie et d'or. Une odeur cadavérique courait déjà dans la chambre.

— Ils sont bien morts, dit Ottayano, et il ferma la porte, appela un de ses valets et le plaça sur l'escalier comme une sentinelle.

Ils se rendirent, chacun de son côté, auprès de leurs femmes; elles s'étaient mises au lit avec une fièvre ardente; elles paraissaient sourdes à toutes les consolations qu'on leur prodiguait, car le coup terrible était trop récent.

Le convoi funèbre eut lieu à midi. On porta les deux cadavres dans une petite chapelle, au milieu du bois; ils furent inhumés; un mois après cependant Las Vegas fit sculpter à Naples un beau tombeau de marbre blanc, qu'on adossa au mur extérieur de la chapelle; un prêtre le bénit; on exhuma les corps, et ce fut là qu'ils furent déposés. La porte de bronze du tombeau fut scellée; on y grava cette inscription:

LÉONTIO ET STELLINA,

MORTS LE 11 MAI 1646, JOUR DE LEUR MARIAGE!

La grande croisée et la porte de la chambre nuptiale furent murées; on avait jeté deux grands voiles noirs sur les portraits des jeunes époux. L'ameublement resta intact. On ne lava pas même la place où les cadavres furent trouvés gisants; une sueur corrosive, la sueur de la mort et du poison, avait dessiné, pour ainsi dire, la forme des deux corps sur le marbre.

Par ordre du duc d'Arcos on fit de sévères perquisitions dans la ville et la campagne pour découvrir le moine soupçonné du crime. Tout fut inutile. Il n'était plus retourné à son couvent, et le lieu qu'il avait choisi pour retraite fut un mystère pour les limiers du vice-roi.

Le souvenir de cette épouvantable nuit laissa dans le château une teinte lugubre, un nuage de consternation, que les jours, en s'écoulant, ne purent effacer. Seulement les deux mères, d'abord inconsolables, et décidées à subir le suicide du désespoir, se résignèrent à vivre; la certitude d'une maternité nouvelle leur avait fait un devoir de se fortifier contre le souvenir d'un grand malheur accompli. Dix mois après, la comtesse de Las Vegas mit au monde une fille fit qu'elle nomma Stellina, et, à quinze jours d'intervalle, son amie accoucha d'un nouveau Léontio. Une joie triste et peu confiante en l'avenir environna le berceau de ces nouveaux nés. Ottayano et Las Vegas avaient fait à tout le monde, même aux parents ou intimes, un secret de la grossesse de leurs épouses; la naissance des deux nouveaux enfants fut enveloppée du même mystère. Un prêtre fut introduit clandestinement et de nuit par Las Vegas auprès du berceau, et il les baptisa sans savoir de quels parents ils étaient nés. Les deux familles poussèrent l'excès du scrupule des précautions, afin de dérober cette sorte de résurrection à l'invisible ennemi qui calculait si bien ses vengeances et savait attendre de longues années pour frapper plus à propos. Las Vegas et Ottayano, qu'une épouvantable catastrophe et les craintes vagues de l'avenir dégoûtaient de Naples, formaient le projet de passer en Espagne dès que les deux enfants seraient assez forts pour supporter le voyage. Les deux mères approuvaient fortement ce projet : elles avaient pris le château en horreur.

La fatalité n'avait qu'ébauché son œuvre contre les deux familles : lorsqu'elle met ses ongles de fer sur quelque victime, cette fatalité, elle la torture long-temps ; enfin elle l'abandonne, mais écorchée vive ; puis elle y revient pour ronger le squelette.

Or, voici ce qui arriva :

Le 10 juillet 1647, le quatrième jour du règne de Mazaniello, règne d'une semaine, le peuple se précipita au palais du duc de Matalone pour le massacrer ; le duc s'était enfui. Son frère Joseph fut décapité à sa place, car il fallait un membre de cette famille à la vengeance du peuple. On avait appris que le duc avait payé des gens pour assassiner Mazaniello, et c'était la cause de l'irritation. Les amis du duc de Matalone furent voués au même sort, comme complices ; le comte de Las Vegas et d'Ottayano furent assaillis à Largo di Castello, massacrés et jetés à la mer. Un lazzarone, qui se faisait suivre d'une bande nombreuse et dévouée, avait commandé cette exécution ; cet homme inconnu, mais si fidèlement obéi, comme tous ceux qui montrent dans les révoltes une intelligence supérieure, s'adressa aux lazzaroni, ses compagnons, et leur dit d'une voix calme et douce, voix qui contrastait avec la scène d'assassinat qu'il avait provoquée : « Mes amis, la mort de ces deux traîtres ne nous suffit point ; il faut monter à leur château pour continuer notre vengeance ; le duc de Matalone y a cherché un refuge. Il nous faut le sang de Matalone ! Venez avec moi. »

Le lazzarone inconnu entraîna cette foule, ivre de sang, vers le château de Las Vegas. On n'y trouva que le concierge Stéphano. Ce domestique assista paisiblement à la dévastation de cette belle résidence. L'événement tragique des deux époux avait fait sur lui une si forte impression qu'il était réduit à un état d'imbécillité. Pendant qu'on ravageait, le lazzarone inconnu marcha droit au tombeau de la chapelle, il ouvrit la porte de bronze, il enleva les cadavres de Léontio et de Stellina, et du haut de la colline il les jeta aux oiseaux de proie qui volent dans la profonde vallée d'Ottayano. Ce luxe de vengeance parut lui faire plaisir ; car sa figure rayonnait.

Les deux dames et leurs jeunes enfants auraient probablement été les victimes de ces forcenés et de leur chef mystérieux ; mais la destinée leur réservait une autre chance.

Après l'assassinat de Las Vegas et d'Ottayano, le domestique qui les suivait (on le nommait Limerio) courut au château avec précipitation pour apprendre aux deux veuves le sort de leurs infortunés maris, et les arracher d'une demeure où il présumait que les assassins se dirigeaient infailliblement.

Limerio se jeta aux genoux de la comtesse Las Vegas :
— Sauvez-vous, sauvez-vous, dit-il, vous n'avez pas un instant à perdre ; dans une heure la mort sera dans ce château.

D'autres serviteurs, arrivés de Naples, répandirent l'alarme, confirmèrent le double assassinat de Las Vegas et de son ami. Les deux malheureuses veuves tremblèrent pour leurs enfants. Il fut résolu qu'on abandonnerait sur-le-champ le château pour chercher un asile dans quelque ville du littoral de l'Italie.

Limerio était un marin de Procita ; il savait conduire une barque à la voile ; il était dévoué aux deux familles. Ce fut à lui que les épouses de Las Vegas et d'Ottayano se confièrent dans cette heure de désespoir. Elles amassèrent à la hâte leurs bijoux, leurs diamants, toutes leurs richesses portatives. Limerio déposa les deux enfants dans un berceau commun, et cette famille fugitive, composée de cinq personnes, le domestique compris, descendit la colline à travers les bois par un sentier détourné, jusqu'à la petite anse d'Ottayano, où était amarrée une vieille barque dépendante du château.

On mit à la voile : le vent était frais et favorable : on s'abandonna au vent. Aux approches de la nuit, le temps tourna à l'orage ; la mer, prodigieusement agitée, tourmentait les deux dames ; les enfants dormaient. Limerio, privé de boussole et ne connaissant pas les parages où la force du vent le poussait, manœuvrait pour ne pas être englouti et pour s'éloigner de la terre. A minuit, la tempête était si horrible qu'il parut impossible à Limerio de se sauver dans sa frêle embarcation.

Pour comble de malheur, une voie d'eau se déclara soudainement, comme si le plancher de la barque eût été percé par une pointe de rocher, en glissant sur quelque récif à fleur d'eau. Les deux pauvres femmes poussèrent des cris d'effroi, et elles élevèrent sur leurs genoux le berceau de leurs enfants, tandis que l'infatigable Limerio rejetait hors de la barque l'eau qui entrait en abondance. Seul, il était trop faible pour lutter ainsi contre la tempête et la voie d'eau. Une lueur d'espoir se manifesta pourtant ; le vent diminua sensiblement aux premières clartés de l'aube ; la mer parut se remettre au calme ; on apercevait confusément à l'horizon les lignes sombres de la côte ; mais la barque, qui depuis la veille avait été emportée par le vent avec une merveilleuse rapidité, n'avançait plus que fort lentement, car le volume d'eau qui l'envahissait était un fardeau bien lourd, que tous les efforts de Limerio ne pouvaient alléger.

— Nous sommes perdues ! s'écria la comtesse de Las Vegas en jetant un regard d'effroi sur le berceau.

Limerio garda le silence.

L'eau montait toujours par la voie ouverte ; elle était presque au niveau des deux banquettes. La côte se dessinait légèrement et bien loin.

— Qui dois-je sauver ? s'écria Limerio.
— Sauvez nos enfants, répondirent les mères.
— Priez la sainte Vierge pour nous trois, dit Limerio.

Et il prit le berceau, que la voie d'eau atteignait déjà ; il le déposa sur la mer tout à fait calme, le dirigeant d'une main et nageant de l'autre.

La barque était submergée. Limerio tourna la tête un moment et ne vit plus que la flamme verte de l'antenne.

Limerio nagea trois heures avant de toucher la côte ; il avait maintenu le berceau dans un parfait équilibre. Les enfants, que leurs mères avaient allaités sur la barque pour la dernière fois, s'étaient rendormis sur leur lit flottant. Limerio, épuisé de fatigue et frissonnant de fièvre, venait enfin de les déposer sur la côte

Les deux jeunes gens se tenaient étroitement embrassés; un éclair éblouissant les fit tressaillir.

d'Ostie, presque aux portes d'un couvent de religieuses clairistes.

Deux frères quêteurs s'emparèrent du berceau et donnèrent des secours à Limerio agonisant. Une hospitalité généreuse lui fut donnée dans une petite maison de campagne qui dépendait du couvent.

Par devoir ou par curiosité, le podestat vint, quelques heures après, faire son enquête sur le naufrage. Limerio était au lit. L'homme de loi l'accabla de questions. L'honnête serviteur répondit d'abord avec vérité aux questions qu'il jugeait insignifiantes. Ainsi il déclina son nom et ceux de Stellina et de Léontio; puis, craignant de compromettre l'avenir de ces deux enfants, que de terribles ennemis avaient sans doute intérêt à détruire, il improvisa une fable; il dit qu'il était un pêcheur de Civita-Vecchia, que, la nuit dernière, il avait recueilli dans sa barque, d'un vaisseau naufragé, ces deux enfants avec leurs mères. Les détails qu'il donna ensuite étaient véritables, ceux même qu'on a lus.

Le podestat promit d'écrire, le jour même, au cardinal Albrucci pour l'instruire du dévouement évangélique de Limerio et solliciter une récompense; mais le pauvre serviteur se débattait déjà sous les premières atteintes d'une pleurésie qui devait l'emporter au tombeau. Trois jours d'émotions et d'intolérables fatigues lui avaient porté un coup de mort. Il ne se releva plus du lit hospitalier où le quêteur de Sainte-Claire l'avait déposé tout tremblant de l'humidité des vagues. Limerio mourut dans un accès de délire, où il révéla d'étranges choses, des choses qui furent bien mystérieuses à ceux qui les entendirent. A travers l'incohérence des songes récités par Limerio agonisant, se glissait souvent quelque incident vrai des tragiques histoires du château de Las Vegas.

Les deux enfants, la jeune Stellina, le jeune Léontio,

furent placés par les frères quêteurs sous la protection du couvent.

III.

A ROME.

Le 2 novembre 1666, un jeune artiste dessinait un mélancolique paysage de ruines, au milieu des Thermes d'Antonin ; auprès de lui, une jeune fille blonde, assise sur un chapiteau, travaillait à un ouvrage de broderie. Ils paraissaient de même âge l'un et l'autre : dix-huit ans environ. Leur costume n'annonçait pas l'aisance : ils étaient tout entiers à leurs travaux, comme si leur pain du jour en eût dépendu.

Une cloche sonna lentement au campanile de l'église des saints Nérée et Achillée.

Le jeune homme tressaillit et laissa tomber son crayon.

— Cette cloche m'a fait peur, dit-il d'une voix sourde. Stellina, est-ce déjà l'*Angelus* du soir ?

— Non, mon frère, ce sont les derniers glas de la fête des Morts. Nous n'avons pas récité un seul *Miserere*.

— En quelle intention l'aurions-nous récité, ma sœur ? dit le jeune homme avec un sourire triste.

— Pour les pauvres âmes du purgatoire.

— Tu as raison, Stellina. Si les âmes de notre père et de notre mère sont en souffrance, tu les aurais soulagées peut-être avec tes prières, toi, Stellina, toi si pure, si angélique ! Écoute, ma sœur, il me semble que nous perdons nos habitudes pieuses, nos pratiques dévotes, à mesure que nous avançons en âge. Il y a trois ans que nous avons quitté cette bonne maison hospitalière de Sainte-Claire, où nous avons été élevés si chrétiennement : et cela me fait peur à penser combien depuis nous avons pris de goûts mondains, moi surtout, ma sœur, moi ; car tu ne fais, toi, que ma volonté. Tes vertus t'appartiennent, tes fautes sont à moi. Aujourd'hui, par exemple, n'est-ce pas un crime devant Dieu et les hommes d'avoir laissé passer la fête sans avoir récité les sept Psaumes dans quelque coin d'église ? On dirait que nous sommes conduits par un esprit malin.

La jeune fille se rapprocha vivement de son frère avec une convulsion nerveuse, et ses grands yeux noirs se détachèrent d'une manière effrayante sur la pâleur de son visage.

— Allons à l'église, dit-elle, j'ai besoin de prier. Viens, mon frère, quittons ces ruines, elles sont trop tristes pour nous.

Léontio écoutait sa sœur, les yeux attachés sur elle : il semblait que cette voix, pleine de notes mélodieuses, l'arrachait momentanément à quelque pensée habituelle d'horrible mélancolie. Stellina ne parlait plus, et Léontio la regardait encore de l'air d'un homme qui écoute. Aux paroles de Stellina avait succédé un étrange silence ; le vent d'automne tourmentait la forêt de lichen et de lierre incrustée sur les colossales voûtes des thermes ; et à chaque secousse du vent dans les plantes pariétaires, il en tombait une grêle de mosaïques. Par intervalles, revenait un calme de désolation ; le ciel se plombait de nuages dans toute l'étendue de la voie Appia. Depuis le pied du Palatin jusqu'au tombeau de la fille de Crassus, on ne distinguait pas un seul être vivant. Cet immense désert ressemblait au cimetière de quelque monde où l'on aurait bouleversé les cyprès et les tombeaux.

Ce deuil incomparable qui attriste cette partie de la campagne de Rome agissait sans doute sur l'imagination nerveuse de Léontio ; il s'abandonnait avec une sorte de joie à l'impression désolante du paysage ; il se prenait subitement de dégoût pour le dessin qu'il avait commencé et cherchait dans la plaine quelque point de vue nouveau : c'était tantôt la ligne triomphale et brisée des aqueducs, tantôt la muraille noire et crénelée de la vieille enceinte aurélienne, ou bien un tronçon de colonne granitique, ornement du vestibule des thermes, aujourd'hui gisant sur un lit de violettes, de marguerites blanches et de gazon. Stellina ne brodait plus : elle était immobile, les yeux fixes et sans regard déterminé ; on aurait cru voir la statue de la Pudeur exhumée des ruines. La cloche de l'église voisine sonna une seconde fois, et la jeune fille se leva vivement, comme si elle s'arrachait d'un rêve pénible.

— Viens, mon frère, viens, murmura-t-elle tout bas, allons prier.

Léontio reprit son manteau brun et usé ; il jeta sur les épaules de Stellina une mantille rouge, et il se dirigea lentement vers la porte des thermes. La vieille femme qui leur ouvrit cette porte secoua tristement la tête en les voyant passer, et les recommanda, dans une courte prière, à la sainte Vierge. Ils étaient livides et convulsifs comme des agonisants.

Les portes de l'église se fermaient quand ils parurent devant le porche. Léontio put distinguer encore les treize cierges de cire jaune qui brûlaient autour d'un catafalque noir semé de larmes blanches.

— Vous arrivez trop tard, lui dit le sacristain, on vient de faire la dernière absoute.

Léontio glissa une petite pièce d'argent dans la main du sacristain.

— C'est pour une messe de morts, dit-il.

Le sacristain ouvrit un registre déposé sur une petite table à l'entrée de l'église.

— En quelle intention faut-il célébrer cette messe ? demanda-t-il à Léontio.

— Pour les âmes de notre père et de notre mère.

— Quels noms faut-il écrire ?

Léontio ne répondit pas.

— Les noms de votre père et de votre mère, poursuivit le sacristain ; les noms de baptême seulement. Le prêtre les prononce au *Memento*... Vous les avez oubliés ?

— Oui, répondit Léontio avec un soupir étouffé. Stellina s'appuyait sur une des petites colonnes du porche et pleurait.

— Pauvres enfants, dit le sacristain, que les patrons de notre église intercèdent pour vous ! Nous vous dirons une messe de morts.

Et il offrit de l'eau bénite à Léontio et ferma la porte de l'église.

Léontio se serra étroitement dans son manteau, fit signe à Stellina de le suivre, et s'avança d'un pas rapide sur la voie Appienne.

Ils laissèrent à gauche la masure lépreuse qui recouvre les tombeaux des Scipions, et plus loin cette campagne inculte où s'étend l'immense ellipse de ruines qui furent le cirque de Caracalla, et ils arrivèrent aux limites de Rome aurélienne, au pied de cette tour tumulaire qui a éternisé le plus grand deuil paternel dont la ville de Rome ait été témoin.

Le jour baissait en tournant à l'orage ; le vent d'est s'engouffrait dans la tour de Cécilia Métella et la remplissait d'une harmonie lugubre comme la mélopée des funérailles antiques ; les touffes larges et profondes du lierre éternel qui domine le tombeau comme une couronne de deuil laissaient tomber des plaintes à chaque rafale. Parfois on aurait dit que toutes les têtes saillantes de taureaux incrustées sur la frise mugissaient comme les grandes victimes de Clitumne devant la hache du sacrificateur. Le vent qui tonnait sur cette campagne en se heurtant aux ruines avait toutes les paroles, toutes les voix, tous les cris de la désolation : chaque ruine lui donnait sa pensée. Ce vent jaillissait en mille coups de foudre de toutes les arches des aqueducs, de tous les portiques du cirque d'Antonin ; il courait sur la voie Appia et creusait les dalles avec un bruit de chariots ; il se brisait dans les créneaux des murailles auréliennes en imitant les clameurs des barbares de Théodoric : pas un éclat de ce vent solennel qui ne rappelât une grande chose éteinte, une chute de colosse, une lamentation de l'univers.

Léontio s'abandonnait avec ivresse aux embrassements de cette puissance invisible de l'air qui lui parlait une langue si bien comprise de son cœur.

— Ah ! on respire ici, n'est-ce pas, ma sœur ? On ne souffre pas seul ici, on souffre avec tout ce qui a souffert ; on pleure avec tout ce qui a pleuré. Oh ! comme le deuil est large ! toutes les larmes qui ont coulé ici, tenues par Dieu en réserve, changeraient la voie Appienne en torrent. Je puis sourire enfin, cela me donne un peu de joie.

Et il se mit à examiner avec attention la tour sépulcrale de Cécilia Métella. En ce moment, des feuilles de lierre arrachées par le vent tombaient à flots comme des larmes sur la touchante inscription du tombeau.

— Pauvre fille ! et surtout pauvre père ! dit Léontio ; qu'elle doit avoir été grande, la douleur qui s'est exprimée avec tant de simplicité !

CÆCILIÆ Q. CRETICI. F. METELLÆ CRASSI.

Rien de plus ! et combien de générations se sont attendries là-devant !.. Écoute, Stellina, on est bien ici, n'est-ce pas ? Ce tombeau est vide, choisissons-le pour notre maison.

— Avec toi, mon frère, un tombeau est un palais.

— Bonne sœur ! j'ai pris Rome en dégoût ; personne ne me ressemble dans cette ville ; je suis là, dans la rue Saint-Théodore, comme un homme venu de l'autre monde ; les petits enfants ont peur de moi, quand je les regarde ; notre voisinage est mauvais ; ailleurs il ne vaudrait guère mieux : tous les quartiers de Rome se ressemblent ; on n'y voit partout que des femmes folles de leurs corps, et ma sœur ne doit vivre que dans une atmosphère d'anges, ou bien loin des hommes.

— O mon frère, dit Stellina avec une voix si touchante et qui ressemblait si peu à une voix humaine qu'on aurait cru entendre sortir du sépulcre la plainte de l'ombre de Cécilia, ô mon frère, je ne vis que par toi ; je ne vois que toi dans le monde ; je n'entends rien de ce qui se dit autour de nous ; ta parole est la seule qui aille à mon oreille ; mon horizon est la bordure de ton manteau ; si je prie Dieu, c'est parce que tu le pries ; si je travaille, c'est pour t'imiter ; si je marche, c'est pour suivre tes pas. Je suis bien triste, Léontio : eh bien ! si je te voyais rire, je rirais. Mon corps n'est que l'ombre du tien ; ma vie est un reflet de ta vie. Quand je prononce ton nom, je voudrais que les syllabes de ce nom fussent éternelles, tant je les savoure avec plaisir ; je t'appelle mon frère, parce que je ne crois pas qu'il y ait un nom plus doux ; si tu en sais un plus doux, apprends-le-moi. Je n'ai jamais regardé en face d'autre visage que le tien, je ne soupçonne l'existence d'autres créatures humaines que par le bruit qu'elles font en passant auprès de nous. O mon frère, qu'as-tu besoin de me demander des conseils ! Veux-tu vivre, je vivrai ; veux-tu mourir, je meurs ; maison ou tombeau, tout me sera le ciel sur la terre, pourvu que j'entende ta voix bien près de ma voix.

— Ange de Dieu, céleste enfant, dit Léontio exalté, oh ! je t'embrasserais avec délices, si les caresses, même fraternelles, étaient permises devant un tombeau ! Non, non, tu ne sais pas combien j'ai besoin du baume de ta parole, car j'ai des chagrins, j'ai des douleurs que nul homme ne connaît et qui font mon visage pâle, qui glacent ma langue, qui brûlent la racine de mes cheveux ; des douleurs si incompréhensibles que parfois je me secoue avec violence comme pour m'arracher d'un rêve étouffant ; car de pareils tisons de cerveau ne tombent que dans les rêves des mauvais sommeils. Un jour, j'avais fait un ami ; tu ne sais pas ce que c'est qu'un ami... C'est un homme qui vous trompe un peu plus poliment que les autres hommes : je me promenais avec lui sur la place solaire de l'Arc des Orfèvres, tout près de notre maison ; oh ! comme je souffrais ce soir-là ! Je voulus m'épancher ; je lui contai mes peines, il ne me comprit pas, je m'efforçai de lui expliquer la nature étrange de ces idées qui me bouleversaient ; eh bien ! sais-tu ce que fit cet ami ? il éclata de rire et me traita de fou. Oh ! je ne tuerai jamais personne, car cet ami est sorti vivant de mes mains ! il vit, ce grand sage ! il vit, il est heureux, ou fait semblant de l'être ; il se promène habillé de velours et la main sur un pommeau d'épée, tous les dimanches après vêpres, devant Saint-Théodore ; il fait des sonnets sur les beaux yeux des dames ; il dîne tous les jours chez un cardinal, il passe la mauvaise saison à Villa Pamphili... Que Dieu lui donne une heureuse fin ! il mourra sans s'être douté un instant qu'il a vécu. Moi, je suis ravi de lui avoir infligé la vie ; je l'aurais mis trop à l'aise en le tuant. Depuis, j'ai gardé mes secrets, c'est un saint trésor qui est en moi ; crois-tu que je doive le confier à ma sœur ?

Stellina serra les mains de son frère et se recueillit pour écouter.

Léontio fit courir ses doigts dans les touffes noires et bouclées de ses cheveux et appuya vivement sa large main brune contre son front ; ses yeux noirs se mouillèrent de quelques larmes. A l'agitation de sa poitrine nue, il était aisé de voir qu'un grand effort se faisait en lui et qu'il éprouvait une peine insurmontable à traduire avec la parole ce qu'il avait pensé tant de fois ; enfin il parla.

— Ce ne sont pas des douleurs ordinaires que je vais te conter, ma sœur. Nous ne devons avoir, nous, que des maux de prédilection ; ne sommes-nous pas les bien-aimés du malheur ? Notre vie ressemble-t-elle à une autre vie ? Nous ne savons ni ce que nous avons été, ni ce que nous sommes. Bien bas placés dans les différentes espèces d'hommes, il y a pourtant au fond de nous une fierté naturelle qui dément notre abjecte condition ; nous sommes pauvres, non pas comme ces malheureux qui font espalier de haillons sur la place Montanara, c'est un autre genre de misère que la nôtre ; nos mains droites ne se sont jamais allongées devant la porte d'un cardinal ; nos bouches n'ont jamais murmuré cette psalmodie dolente qui fait violence à l'aumône ou provoque le refus. Nous mangeons du travail de nos mains ; mais notre travail est mal payé. J'ai longtemps cherché dans Rome un être vivant qui laissât supposer dans son regard et par son extérieur quelque ressemblance de position avec la mienne : j'ai vu bien des misérables, mais ils m'ont paru tous résignés, tous prenant leur indigence en gaieté, comme chose due ; ce que je n'ai jamais remarqué sur les visages souffrants, c'est une de ces contractions rapides, un de ces coups d'œil vers le ciel, qui partent du cœur comme une accusation contre Dieu. Si j'avais surpris une seule fois un homme en peine flagrante, en conviction de malheur, je lui aurais tendu la main ; il m'aurait compris, nous nous serions associés pour faire notre vie avec moins de poids sur le cœur. Un jour, je vis à la grille de l'église de Saint-Georges un homme assis qui pleurait ; il faut se méfier des pleurs, ce n'est bien souvent que de l'eau pure ; je demandai avec intérêt à cet homme le motif de son désespoir : il avait perdu son enfant. Perdre un enfant, c'est une douleur de la vie, douleur admise dans la langue humaine, douleur classée et qui a un nom ; aussi la marche à suivre est toute simple pour se débarrasser de ces douleurs-là ; elles ont leurs phases, leur progression, leur décroissement. Le lendemain, je rencontrai devant Saint-Paul ce père désolé : il ne pleurait plus ; au carnaval, je le revis, il courait avec les masques en habit d'arlequin. J'ai donc reconnu que mon être s'isolait complètement des autres êtres, que mes chagrins n'avaient pas de mot qui les traduisît aux hommes, que dans cette grande ville qui a tant gémi, dans cette ville rongée jusqu'au squelette par toutes les plaies de l'univers, dans cette Rome toute lézardée à force de convulsions, jamais un habitant ne me comprendrait, et qu'il était inutile de me mêler au vulgaire pour échanger des mots et des sons qui ne seraient jamais dans le sens de l'idée qui m'absorbe tout entier. Ainsi je me suis réfugié dans ma solitude : j'ai quelquefois ressenti un mouvement de fierté en pensant que j'avais inventé une souffrance, que j'avais créé un malheur. Qui suis-je donc ?

Ce que je suis ! oh ! assieds-toi, assieds-toi, Stellina, là, sur cette frise ; les ruines sont nos fauteuils, à nous...

Ce que je suis ! oh ! si tu pouvais parler en ce moment, ombre de jeune fille qui voltige autour de nous ! ce que je suis, Stellina ! un homme comme un autre homme ? impossible ! je ne me suis jamais assis à leurs banquets ; je n'ai jamais fait de libation avec eux, je ne connais ni leurs théâtres, ni leurs jeux, ni leurs plaisirs, ni leurs douleurs, ni leur folle confiance, ni leur désespoir. La ville qu'ils habitent m'étouffe comme une prison. Je me suis retiré à la lisière, là où commence le grand chemin des tombeaux. Là, je me sens dans mon domaine ; j'aime les tombeaux, non point ceux où le ver a quelque chose encore à faire, mais les tombeaux qui sont eux-mêmes devenus squelettes ; et, gloire soit à Rome, ce luxe funéraire ne lui manque pas ! Ville désolée qui porte partout les insignes du néant, qui s'appuie d'un côté sur le tombeau d'Adrien, de l'autre sur cette tour de Cécilia, comme une vieille reine débauchée sur deux favoris. Oui, j'aime les tombeaux comme on aime sa maison natale ; je les aime, non parce que je dois y rentrer un jour, mais...

— Mon frère ! s'écria Stellina.

— Parce qu'il me semble que j'en suis sorti !

Stellina s'était jetée dans les bras de Léontio en disant d'une voix sourde : j'avais deviné ! Le jeune homme la serrait sur sa poitrine, baisait sa bouche, son front, ses cheveux, dans un délire qui n'avait rien de fraternel. Des paroles s'échangeaient entre eux ; mais la tempête les couvrait de sa voix. Une nuit horrible était déjà tombée. Quelques rares éclairs illuminaient par intervalles la tour de Cécilia et la ligne de remparts ; le reste de la campagne gardait alors une teinte livide. La cloche de Saint-Paul sonnait l'office du soir, et les sons portés par le vent semblaient tourbillonner dans la tour vide, comme si ses pierres eussent été d'airain. Les deux jeunes gens se tenaient étroitement embrassés : un éclair éblouissant les fit tressaillir ; Léontio se leva vivement, car il lui sembla un instant que la sainteté de leur entretien était violée ; l'éclair vif et large avait illuminé les bas-reliefs de marbre : des figures de femmes éplorées, de suppliants, de sacrificateurs, s'étaient animées à la lueur du météore, et l'on eût dit qu'un cortége de funérailles s'avançait vers le tombeau.

— Tu le vois, s'écria Léontio, les mains vers le ciel, tu le vois, Stellina ; l'enfer est irrité contre moi ; j'ai violé mon secret ; j'ai trahi une confidence de la tombe, et... j'ai plus fait que cela !.. J'ai eu une idée !.. une idée affreuse ! Oh ! l'excès du malheur nous conseille quelquefois la consolation du crime ! Stellina, j'allais oublier que tu étais... Viens, viens, ma sœur, ma sœur, ma bonne sœur ! Viens, rapprochons-nous des demeures de l'homme ; viens, ce lieu est maudit !

Ils descendirent le petit tertre de gazon sur leque

est bâtie la tour; Léontio tenait la jeune fille par la main, et il lui disait, en marchant sur la voie Appienne :

— Cette idée épouvantable que je ne suis pas né comme un autre homme, que ma vie me vient de la tombe, que j'appartiens à une classe d'êtres intermédiaires entre l'homme et le démon, cette idée de désespoir me reste là, fixée au front, et domine toutes mes autres idées. La nuit, je fais des rêves affreux, des rêves qui troublent bien souvent ton sommeil, ma pauvre sœur, car souvent je t'ai trouvée au chevet de mon lit, la lampe rallumée et ta belle figure toute luisante de sueur; tu devais avoir entendu ces épouvantables mugissements qui me réveillent moi-même lorsque je me sens étouffé par mon rêve habituel. Il me semble alors que je suis inhumé bien profondément, cloué dans une bière, enveloppé à l'étroit de langes comme une momie; je respire une odeur d'herbes grasses, de suaire, de cierges éteints; je sens se glisser sur ma poitrine, à travers les langes, quelque chose de rampant et de glacé qui me pique comme la pointe d'une épée; j'entends bien au-dessus pleurer le vent, dans de hautes herbes, avec des chants d'église, et des coups de bêche sur des fosses. Une teinte blafarde tombe autour de moi comme un éclair d'orage qui ne s'évapore pas. Oh! ce que je vois alors est si affreux qu'aucune langue n'a de mots pour le dire, aucune oreille assez de force pour l'écouter. Je roidis mes bras pour rompre mon étroit suaire; je m'épuise à prendre de l'élan pour me lever; mais j'ai comme un carcan de fer aux pieds et au cou, et quand, à force de convulsions, je parviens à faire un mouvement, mon front se brise contre une voûte plate et gluante sous laquelle je suis écrasé. Et j'ai le sentiment de mon existence, je me rends raison de mon état, j'éprouve la faim, je brûle de soif; je contracte mes lèvres pour tâcher de saisir quelques racines terreuses qui pendent, pour humecter ma langue en feu à l'humidité de la voûte. Je ne saisis rien ; je m'efforce à pleurer afin de boire mes larmes, mon œil reste sec. Je m'essaie à la résignation, mais je n'arrive qu'au désespoir. C'est par une violente crise de désespoir que je me délivre; tout mon cœur se roidit. Après bien des râles et des sanglots étouffés, un cri sort de ma poitrine et me réveille, et il me faut du temps encore pour me convaincre que l'horrible rêve est fini. Que me veut donc ce rêve? Quel pacte ai-je fait avec lui? C'est ce rêve familier qui m'a fait prendre en horreur la seule consolation offerte par le ciel au malheur, le sommeil. N'est-ce pas injuste, qu'après une journée désolante, on retrouve dans le remède du sommeil des mensonges plus déchirants que les maux réels! Mais qui a donc fait ce monde? Oh! cela me pousserait au blasphème!

— Mon frère! mon frère! s'écria Stellina, tout en pleurs, calme-toi, ne parle plus; ta main brûle, tu es malade...

— Non, non, je veux tout te dire ce soir, tout; après je ne parlerai plus de moi... Écoute, écoute encore, et surtout tâche de me comprendre; je te demande plus que de l'intelligence; je veux de la divination. Nous sommes du même sang; notre organisation, à coup sûr, est la même; tu vas me dire si tu me comprends.

Souvent, dans ma vie, il m'est arrivé, toi étant assise à côté de moi, ou moi te donnant le bras en nous promenant, il m'est arrivé d'être bouleversé par une pensée singulière : dans la position relative des objets extérieurs à nous, dans la combinaison accidentelle de nos mouvements, de nos gestes, de nos regards, sous tel aspect du ciel, telle forme de nuages, telle ondulation de montagnes, telle couleur du jour, je crois soudainement me rappeler qu'à une époque inconnue de ma vie, les mêmes choses, les mêmes aspects, les mêmes sensations m'ont été offerts, sans qu'il y manquât un seul accident. Alors il m'est donné de voir mon souvenir en tableau réel. Il est vrai que cette impression est fugitive, qu'à peine reçue elle s'évapore : mais l'ébranlement qui la suit est si fort que je ne puis me croire victime d'une illusion, et d'ailleurs peu de jours s'écoulent sans que cette secousse d'imagination ne soit renouvelée. Tu te rappelles la noce du seigneur Corsini; tu sais que je cédai à ta curiosité, et en descendant des vêpres de San-Pietro in Montorio, nous entrâmes dans le jardin du noble époux pour voir la fête...

— Oui, oui, je me souviens de ce jour, dit Stellina. Oh! que tu étais pâle en rentrant le soir à la maison!

— Tu vas voir, ma sœur. Le jardin Corsini était illuminé ; la nuit était belle et embaumée de citronniers; les pins chantaient sur le flanc du Janicule; il y avait du plaisir et du bonheur dans l'air; je croyais habiter un autre monde. Nous nous promenions sous une treille et à l'écart de la foule; nous nous efforcions d'être heureux, à bien peu de frais, avec les parfums de la colline, la musique lointaine de la noce et le doux bruit des cascades. Je n'étais jamais entré dans le jardin Corsini, je n'avais jamais vu de ce côté ni Rome, ni le Janicule, ni les touffes de pins, ni les allées de citronniers. Eh bien! il se passa tout à coup dans l'air, dans le jardin, dans les reflets des lumières du bal sur la terrasse de marbre, dans l'accord de la musique, du chant et des eaux, il se passa quelque chose de mystérieux souvenir qui me cloua par les pieds sur le gazon où je marchais. Je te regardai, et tes yeux étaient dans les miens; c'est la seconde fois de ta vie que j'ai vu ainsi ta figure, doucement penchée en arrière, comme pour attendre un baiser d'époux; c'est la seconde fois que nous nous sommes arrêtés ainsi tous deux, quand les étoiles luisaient, quand les citronniers embaumaient l'air, quand on dansait sur le marbre, quand les vitres d'un palais renvoyaient le feu des lustres sur l'écorce des pins, quand une volupté irritante s'exhalait des robes de la femme, quand le cœur fondait l'amour, et qu'un mystère de passion langoureuse se révélait dans toutes les voix de la nuit. C'est la seconde fois, Stellina, que j'ai vu ce tableau, ou, pour mieux dire, je ne l'ai pas vu, je l'ai revu... Mais la première! la première! Oh! voilà l'abîme. Mais, bien sûr, ce n'est pas dans ma vie d'aujourd'hui, dans ma vie de mes dix-huit ans!

Ma sœur, ces pensées, ce délire, cette fièvre, ces révélations, tout cela me tue; c'est de la folie peut-être, et je suis assez raisonnable quelquefois pour le croire; mais, folie ou non, que m'importe, si une pareille maladie est mortelle! ne crois pas, au moins, que je redoute la mort; la mort sera peut-être le commencement de ma vie! Je me regarde comme un homme qui se serait fait une habitude de mourir. Mais je ne suis pas seul, ma pauvre enfant! je veux vivre, puisqu'on appelle vivre ce que je fais; je veux pourvoir à tes besoins, comme un père, ma bonne sœur! Tu as besoin de moi, eh bien! Stellina, je me guérirai. C'est l'air de Rome qui m'empoisonne; rien de plus triste que la douleur de cette ville, si ce n'est sa gaieté. Moi, si impressionnable aux objets extérieurs, j'ai besoin, sans doute, de vivre sous un ciel plus riant, dans quelque résidence gaie et radieuse, comme on en trouve tant sur les bords de la mer. Il me faut la mer; on dit qu'à Naples elle est bleue et belle à rafraîchir le sang d'un damné; allons à Naples; j'ai idée que nous serons heureux dans quelque cabane d'Ischia, sous quelque treille du Pausilippe. Demain j'irai voir Salvator Rosa, le Napolitain; il aime les artistes où paraît les aimer; je lui demanderai des conseils, il m'en donnera, cela coûte si peu. Le trajet est court; notre voyage sera bientôt arrangé. Y consens-tu, ma sœur? veux-tu aller à Naples?

Stellina embrassa Léontio.

— Nous partirons! dit Léontio: c'est Dieu, sans doute, qui m'inspire ce projet.

Ils étaient arrivés devant la porte de leur maison. C'était une rue bien solitaire; toutes les lumières étaient déjà éteintes dans le quartier; on ne distinguait que la lueur d'une lampe à travers les vitraux de Saint-Théodore; on n'entendait que le bruit de la fontaine qui coule au bout de la rue, sur la lisière du Campo-Vaccino.

IV.

SALVATOR ROSA.

Par une triste matinée d'automne, Léontio sortit de la rue Saint-Théodore et traversa le Tibre dans une de ces petites barques qui étaient amarrées aux colonnes du temple de Vesta. Il gravit lentement le mont Janicule, et, parvenu au sommet, il entra dans l'église San-Pietro in Montorio pour entendre la messe. Le pauvre jeune homme, exilé du monde, aimait à se réfugier en Dieu; il s'agenouilla devant le tableau de la Transfiguration, de Raphaël, et le radieux chef-d'œuvre lui donna un peu de ce calme, un peu de cette sérénité douce que les beaux-arts portent avec eux. Léontio se comparait au jeune possédé du tableau, à cet enfant livide et torturé par l'esprit malin, et il levait ses yeux au sommet de la montagne pour rafraîchir son visage à cette resplendissante atmosphère où flottent les élus du Seigneur, à ce nuage céleste et limpide, doux à l'œil comme le crépuscule du ciel. Il sortit de l'église et s'assit sur une pierre de la plate-forme: il se sentait serein et léger, comme s'il était descendu du Thabor. La ville éternelle qui s'étendait sous lui avait emprunté au soleil levant une teinte jaune comme les feuilles tombées, teinte d'harmonieuse mélancolie, qui n'avait rien de lugubre, la seule peut-être qui soit supportable aux yeux de l'homme tourmenté; car elle n'a pas les rayons éblouissants et ironiques du bonheur, ni la sombre désolation qui conseille le désespoir.

Léontio était sur le point de renoncer à sa visite. Cette Rome, dont il avait tant médit la veille, lui apparaissait aujourd'hui avec cette majesté tranquille dont le parfum est une consolation. Elle avait bien souffert, cette reine des reines, cette Rome consulaire, cette Rome impériale, et pas une plainte ne s'élevait de son sein tout mutilé. Cité païenne ou sainte, ointe d'eau lustrale ou d'eau bénite, elle montrait la double palme du stoïcisme et du martyre. Qu'elle était belle ainsi, vue du Janicule, cette consolatrice des affligés! Toujours en deuil comme Rachel et Niobé, toujours inconsolable, parce qu'ils sont morts, ses glorieux enfants, qui furent plus nombreux que les étoiles du ciel; et pourtant quelle magnifique tolérance au cœur de la cité meurtrie! Des mains chrétiennes ont prêté secours aux murailles croulantes du Colysée; les fils des martyrs ont replacé pieusement au Capitole la statue du dieu, rougie encore du sang de leurs pères. Une main pacifique protège la pyramide de Caïus Sextius et les catacombes voisines de Saint-Sébastien. Les ombres des consuls s'entretiennent avec les ombres des saints; les colonnes triomphales fraternisent avec les clochers, les obélisques avec les dômes, les louves nourricières avec la croix. Léontio, à la veille de quitter Rome, s'avoua qu'il aimait cette ville; il reconnut que toute plainte, tout malheur, d'imagination surtout, devait se taire et se résigner devant la capitale des ruines, la souveraine des tombeaux. Il avait déjà fait quelques pas pour descendre du Janicule, lorsqu'il s'arrêta brusquement devant le regard d'un inconnu assis sous l'*Acqua Paola*.

C'était un homme vêtu magnifiquement; ses doigts étincelaient de rubis et d'émeraudes; la soie, le velours, la dentelle, les pierreries, se combinaient sur sa personne avec un véritable goût d'artiste; il portait une épée au fourreau de vermeil. Sa tête était plus remarquable encore par son costume de prince. Il y avait des muscles sur son visage pour tout exprimer; ses yeux flamboyaient de génie; ses lèvres avaient la contraction dédaigneuse de l'ironie perpétuelle; sa couronne de cheveux noirs donnait à sa physionomie un caractère sombre et menaçant.

— Vous paraissez bien triste, jeune homme, dit l'inconnu à Léontio; avez-vous perdu votre maîtresse?

Cette demande fut faite d'un ton si vif, si leste et avec un organe si impératif, que Léontio se crut obligé de répondre.

— Seigneur, dit-il, je vous remercie de l'intérêt obligeant que vous me portez sans me connaître. Malheureusement je n'ai rien à répondre à Votre Excellence.

— Mon ami, dit vivement l'inconnu, je ne suis pas noble et ne me soucie point de l'être; je suis ton égal; parle-moi sans crainte ni réserve: as-tu besoin d'un service? veux-tu de l'argent? Ta figure me plaît; tu as dans l'œil le feu de l'artiste; ta joue est pâle, non de souffrance, car tu es fort, mais de pensée, or tu es nerveux. Confie-toi à moi; voyons, parle: je veux t'obliger.

— Mais à qui suis-je redevable de tant de bonté gracieuse?

— T'ai-je demandé ton nom pour te rendre un service? pourquoi me demandes-tu le mien? Mais je respecte ton scrupule; tu dois être candide et bon. Je suis Salvator Rosa. Maintenant acceptes-tu mes offres?

A ce nom, Léontio s'inclina de respect.

— Maître, dit-il avec émotion, c'est Dieu sans doute qui m'a conduit par la main devant vous. Je vous cherchais. Je sais que vous êtes obligeant pour les artistes. Je suis peintre par goût et par métier; ma sœur et moi nous vivons du pinceau; je travaille pour le seigneur Corsini, dont on voit d'ici le palais. Un besoin de voyage se fait sentir en moi. Rome est la seule ville que je connaisse; car je ne compte pas Ostie, où je suis né, si je suis né quelque part. Je veux voir Naples et la mer; c'est plus qu'un désir: c'est un besoin. Mon existence, qui appartient à ma sœur, est peut-être attachée à ce voyage. Vous, maître, qui êtes Napolitain, vous me donnerez des conseils et des instructions: c'est tout ce que je réclame de votre bonté. J'ai de l'argent assez pour vivre, et, c'est vivre, ce que je fais.

Salvator Rosa regardait fixement Léontio sans lui répondre, et Léontio, en attendant la réponse, écrivait le nom de Stellina, avec le doigt, sur la nappe d'eau claire et unie de la fontaine de Paul. Salvator ne cessait de considérer le visage de Léontio que pour lever ses yeux au ciel, comme pour se rendre compte d'un souvenir confus.

— Quel est ton nom? lui demanda-t-il d'un air soucieux.

— Léontio. (Et il sourit.)

— Léontio! Oui, je crois que c'est bien cela. Mais il y a tant de Léontio! Et ton nom de famille?

(Après un soupir.) — Toujours Léontio.

— Où demeures-tu à Rome?

— Rue Saint-Théodore, vis-à-vis l'église.

— Te souviens-tu de m'avoir vu, Léontio, avant cette rencontre?

— Jamais.

— Eh bien! moi, je t'ai vu, mais il y a bien longtemps. Où? je n'en sais rien; tous mes souvenirs se confondent. Quel âge as-tu?

— Dix-huit ans.

— Dix-huit ans! (Salvator baissa la tête et ferma les yeux pour se recueillir.) Oh! je t'ai vu, je t'ai vu! Tu as une sœur, dis-tu? Comment se nomme-t-elle?

— Stellina.

(Salvator fit un mouvement de surprise.)

— Est-ce bien ta sœur?

— Mais oui.

— Ta femme peut-être, ta maîtresse.

(Léontio lança un regard terrible à Salvator.)

— Oh! ne t'offense pas de ma demande, mon jeune ami: je ne l'ai pas faite par un caprice de curiosité. Le nom de ta sœur me frappe, je l'ai entendu dans

ma vie, je crois même l'avoir écrit, mais il me semble qu'elle n'était pas la sœur de l'autre. Ma mémoire me trahit, je ne sais plus où j'en suis. Elle est brune, ta sœur, n'est-ce pas, avec des yeux?...

— Non, ma sœur est blonde.

— Oui, oui, oui, blonde avec des yeux noirs, une figure d'ange.

(Léontio se tut et pâlit).

— Ma foi! je suis complètement désorienté, mon cher Léontio; je perds la piste de mes souvenirs. Il est vrai que j'ai une vie si pleine qu'il n'y a pas de place pour tout dans ma tête. C'est une confusion d'objets... Tu es bien pâle, Léontio, souffres-tu?

— Non.

— Ta figure se décompose, ce n'est plus celle d'un être vivant. Oh! laisse-moi prendre au vol cette expression de terreur, ce reflet de l'autre monde. (Il déroula une feuille de papier et saisit son crayon.) Je me redemande qu'une minute; jamais je ne retrouverai ce bonheur de modèle. (Il dessina.) Et il y a dans ce cœur une pensée d'enfer. Je ne me doutais pas de rencontrer mon fantôme à l'Acqua Paola. Tous ces Italiens ont un être éternel sur les lèvres. Enfin j'en ai trouvé un, sérieux comme Satan. J'aurais donné trente écus d'or pour cette séance. Tiens, regarde mon croquis, Léontio. Je vais t'immortaliser. Remercie le hasard. Voilà ta tête, je vais la prêter à mon spectre de Samuel évoqué par la pythonisse d'Endor. Mon tableau représente le moment où tu sors du tombeau.

— Assassin! s'écria Léontio d'une voix tonnante, tais-toi, ou je te tue d'un coup de poignard.

Salvator Rosa demeura interdit; il se laissa arracher le croquis de la tête de Samuel, que Léontio déchira brutalement. Revenu de sa surprise, le peintre riait aux éclats et rappelait Léontio; mais le malheureux jeune homme descendait la pente rapide du Janicule avec tant de précipitation, qu'on eût dit qu'une pensée de désespoir le poussait au Tibre.

Léontio reparut devant sa sœur tout haletant de sa course et de son émotion. — As-tu vu Salvator Rosa? demanda-t-elle. — Oui. — T'a-t-il bien reçu? — Oui. — Il t'a donné de bons conseils? — Oui. — Partons-nous pour Naples? — Oui. — Et quand? — Demain.

Quatre jours après, Léontio entrait avec Stellina dans la modeste hôtellerie de la *Lyre d'Apollon*, sur la place des Pins, à Naples.

V.

LA CHARTREUSE SAINT-MARTIN.

Naples est une ville qui peut donner à l'étranger tout ce que l'étranger lui demande; cette Venise de la Méditerranée est folle ou sérieuse comme sa sœur de l'Adriatique; elle a du fracas et du silence, des fleurs et des laves, de l'ombre et du soleil, des rues de palais et des rues de tombeaux, des montagnes décharnées et des îles toutes rouges d'oranges, toutes dorées de cédrats. A

Limerio nagea pendant trois heures.

Naples, le malheur ressemble au bonheur du reste de la terre; à Naples, le bonheur vaut mieux que son nom. A Naples, l'homme qui peut dire : Je suis heureux, fait envie à Dieu même. Un jour de caprice, la nature voulut faire un paysage complet; elle dessina mollement des collines; elle arrondit un golfe gracieux, elle le remplit des plus belles vagues que la mer ait azurées; elle fit flotter sur ces vagues des îles de fleurs et de palmiers; elle fit monter en amphithéâtre les bois de pins, les treilles aux larges pampres de vignes, les touffes de citronniers, les acacias aux diaphanes ombrages, les arbres de Grenade et de Judée qui mêlent leurs teintes rouges aux jasmins du Guadalquivir; la nature fit Naples, Misène, Sorrente, le Pausilippe, Ischia. Un démon en fut jaloux; il jeta le Vésuve devant la cité voluptueuse; et Naples accepta le volcan comme le complément philosophique du paysage. Le volcan résume en lui toute la sagesse des poëtes latins;

c'est lui qui crie par la voix de son cratère : — O vous qui vivez, cueillez le jour comme une fleur; la fleur dure peu; jouissez-en quand elle est fraîche : mortels, usez de la vie; la vie n'est faite que de peu de jours; aimez et riez aujourd'hui; demain il vous faudra passer le Styx.

Plus d'espoir de vie heureuse au monde, quand on ne l'a pas au moins entrevue à Naples. Léontio, qui s'était exilé de Rome, trouva quelque ombre de quiétude sous la treille du Pausilippe. Il s'occupait de son art avec délices; la peinture devint pour lui plus qu'une distraction, ce fut une véritable volupté d'artiste. Le soir, accompagné de la rêveuse Stellina, il allait étudier ces admirables teintes d'horizon, ces mobiles reflets de colonnes sur les vagues, ces fantastiques embrasements de forêts marines, ces sommets rayonnant au-dessus des vallons déjà sombres, tout cet ensemble de flottante et vaporeuse lumière qui ac-

Elle suivit l'indication du doigt de Léontio.

compagne le soleil de la mer à son couchant. Il s'en revenait ensuite à son humble hôtellerie avec des idées moins tristes et une provision de sérénité pour le sommeil de sa nuit. Mais l'ardent jeune homme rapportait aussi de sa promenade un mystérieux besoin d'amour, dont il s'expliquait trop bien la cause secrète. Tous ses regards n'avaient pas été donnés aux paysages du golfe; il s'était réservé des distractions pour des accessoires délicieux qui le poursuivaient encore à travers le faubourg de Chiaïa. Il avait vu passer sur les chaloupes de gracieuses et souples images, de fraîches figures aux cheveux flottants, de doux nuages de satin et de soie; apparitions enchanteresses qui se mêlaient avec tant de bonheur à l'éclat limpide du golfe, à la molle langueur des collines dorées, aux lits de gazon baignés par la vague, aux grottes secrètes du promontoire lointain. Rentré chez lui, il s'asseyait comme un homme brisé par la fatigue; il n'était qu'é-puisé de désirs. Alors Stellina posait la lampe sur une table, et avec l'innocent abandon d'une sœur elle enlaçait la tête de Léontio dans ses bras nus et collait ses lèvres sur son front.

— Ma sœur, lui disait quelquefois Léontio, tes caresses me font mal, le soir, à la clarté de cette lampe. Je n'ose, moi, t'embrasser que le jour : laisse-moi seul, Stellina, j'ai trop besoin de me rappeler que tu es ma sœur. C'est une idée douce, n'est-ce pas ? Eh bien ! elle me tue...

La jeune fille rougissait; elle ne trouvait aucun mot pour répondre. Léontio la regardait sortir et n'avait pas la force de la rappeler; il écoutait avec une sorte de volupté criminelle le bruit des pas de sa sœur; une faible cloison la séparait de lui; il prêtait l'oreille à la psalmodie touchante de sa prière du soir, au frôlement de sa robe tombée, au murmure du lit mollement pressé par la jeune fille, à son dernier baiser sur l'image de la madone. Léontio ouvrait la croisée pour rafraîchir ses lèvres à la brise nocturne de la mer; mais la brise, chargée d'amour et de parfums, ne lui apportait que tentation et délire. S'il s'endormait un instant, c'était sa sœur qu'il voyait en rêve; sa sœur, plus belle que la plus belle Napolitaine; sa sœur, assise au bord de la mer, comme une amante au rendez-vous, et l'appelant par son nom avec une voix languissante d'amour. Léontio se réveillait en sursaut et se jetait à genoux pour demander pardon à Dieu de l'inceste qu'il n'avait pas commis.

Un matin, après avoir combattu les fantômes de la nuit, il dit à Stellina de le suivre. Il voulait se purifier à l'air béni de la montagne des Chartreux; c'était le jour des Rogations, fête pleine de poésie et de grâce.

Ils arrivèrent avant le lever du soleil à cette magnifique Chartreuse que la piété de Charles d'Anjou a élevée à la gloire de saint Bruno. La cérémonie de la bénédiction allait commencer. Rien n'était consolant et beau comme le cloître aux colonnes de marbre dans le doux éclat des rayons d'un matin printanier. Les grandes et sublimes figures peintes par l'Espagnolet semblaient vivre et jouir dans ce parvis du ciel. Léontio pleurait de joie; la volupté de la religion lui donnait de pures extases. On ouvrit les portes de l'église à deux battants; toutes les harmonies de la montagne, tous les parfums du golfe, tous les rayons du soleil levant entrèrent à flots sous les nefs de la Chartreuse. Le religieux célébrant s'avança sous le portique, et il bénit les fruits de la campagne, il bénit la ville et la mer.

Léontio ravi de bonheur s'écria : — Quelle demeure délicieuse!

— Transcuntibus (1)! dit une voix claire et lente derrière Léontio.

— C'est un mot bien profond, s'il est vrai, dit tout bas le jeune homme, et il suivit dans une chapelle écartée et déserte le chartreux qui avait prononcé le mystérieux transeuntibus.

Le religieux se retourna au bruit des pas de Léontio; en ce moment des gerbes de rayons illuminaient les figures de Léontio et de sa sœur.

Léontio ne voulait que satisfaire sa curiosité; il avait vu le visage du chartreux, et il lui demandait sa bénédiction. Le religieux croisa vivement ses bras sur sa poitrine, puis les leva vers la voûte, en les secouant, comme avec des convulsions nerveuses; sa figure devint pâle; RESSUSCITÉS! s'écria-t-il d'une voix si forte qu'elle eût fait scandale dans l'église, si elle n'eût été couverte par le chœur des Litanies des Saints.

— Ressuscités! dit Léontio en frissonnant, qui?

— Toi, elle, vous deux.

— Que dites-vous, mon père?

— D'où sortez-vous, fantômes; c'est ici la maison de Dieu; les spectres doivent s'arrêter sur le seuil.

— Mon père, mon père, ayez pitié de moi, ayez pitié de ma sœur!

— Elle, ta sœur! vous avez donc divorcé dans l'enfer?

— Oh! mon père, grâce pour nous; bénissez-nous.

— Que je bénisse les fantômes de Léontio et de Stellina!.

— Il nous connaît! Il nous connaît! O mystère de mort!

— Oui, mystère! Mystère pour toi, mystère pour moi; eh bien! nous l'éclaircirons. Que vous soyez morts ou vivants, il faut que tout s'explique. Écoutez: Voyez-vous cette crête qui s'abaisse devant le Vésuve! Voyez-vous cette touffe de grands pins qui sort d'une ruine, là-bas, de l'autre côté du golfe : c'est Ottayano. Ce soir vous vous y rendrez à six heures, et vous m'y attendrez. Si je vous y trouve, c'est une preuve que vous êtes vivants et ressuscités; alors... j'aurai des devoirs à remplir... Si vous manquez à ce rendez-vous, je rentre à la Chartreuse, et je n'en sors plus. On a les yeux sur moi; partez.

Léontio et Stellina descendirent lentement de la Chartreuse, muets et abattus; on aurait dit que la foudre était tombée sur eux, en leur rendant une vie stupide. De temps en temps, Léontio laissait tomber nonchalamment de ses lèvres ces mots : *Ce soir... à six heures; Ottayano.*

Le fracas de Naples lui fit du bien cette fois; en rentrant dans la ville il retrouva quelque énergie; il releva fièrement sa tête, qui s'était courbée depuis le cri du chartreux. — Ma sœur, dit-il, il faut aller jusqu'au bout du mystère; prenons quelque nourriture et un peu de repos; partons ensuite pour Ottayano le plus tôt possible. Je veux y arriver bien avant l'heure du rendez-vous.

Le printemps donnait une de ces délicieuses soirées aux fraîches collines qui couronnent la vallée d'Ottayano. La mer, obliquement éclairée par le soleil, avait un calme vif et doré; la verdure des îles se balançait au souffle du soir; le Pausilippe riait au golfe; la ville jetait ses clameurs gaies et sonores; le flot et la côte semblaient s'amollir de langueur amoureuse devant les orangers de Sorrente : Ischia rayonnait de vagues à paillettes d'or et d'arbres illuminés; Procita échangeait avec elle des parfums et des chants. Naples, la sirène lascive, n'avait pas assez de son amphithéâtre pour s'étendre voluptueusement au soleil; elle envoyait ses mille barques sur son golfe, sur ses plages, sur ses promontoires. L'air était tout palpitant de vie et parlait une langue d'amour, en agitant les voiles, les cordages, les banderoles, les pavillons : le Vésuve paraissait attendri de cette joie de la nature; une légère fumée aux teintes de l'iris et de la rose s'élançait mollement du cratère. C'était comme l'emblème d'un remords presque éteint dans le cœur d'un homme heureux.

— Parle-moi, mon frère, disait la jeune fille à Léontio; est-ce que cette belle soirée ne te réconcilie pas avec la vie? sais-tu qu'il est doux de vivre ici; que l'air y est bien léger, que tout ce qu'on y respire, tout ce qu'on y voit ressemble au bonheur; n'est-ce pas, Léontio?

— Oui, oui, ma sœur, tout cela ressemble au bonheur; mais tourne tes yeux; le vois-tu là ce mont qui menace et qui brûle? Oui, oui, fie-toi au bonheur; ce n'est pas l'ange de Tobie qui veille sur nous, c'est un spectre; quand il nous garde contre un mal, c'est pour nous réserver pis. Fille oublieuse! enfant! Mais ne

(1) Pour ceux qui passent.

sais-tu pas pourquoi nous venons ici ; crois-tu que ce soit pour y jouir, contempler, vivre d'extase, boire les parfums de cet air, comme cet heureux oiseau qui chante sur nos têtes ? Ne sens-tu pas l'immensité de cette dérision que la fortune nous crie par toutes les voix du bonheur ? oublies-tu qu'il manque un acteur à cet éblouissant spectacle ; un acteur, noir comme le cratère de ce volcan, et qui tantôt, en arrivant ici, éclipsera notre soleil comme le crêpe d'un ouragan. Pauvre Stellina ! elle s'abandonnait à l'extase ! je sais me tenir en garde, moi, contre ce mensonge qui nous entoure. En m'asseyant ici, sous ce pin, je n'ai encore rien vu de ce qui t'a éblouie, toi ; Naples, son golfe, ses îles, son port, ses collines, je les abandonne à d'autres yeux que les miens, à des yeux qui n'ont point de larmes ; ce que j'ai vu et bien vu, le voilà : c'est ce château en ruines ; il y a dans ces murailles détruites quelque mystère de mort qui empoisonne cet air, ces pins, ces îles, ces vagues. Qu'est-il devenu le maître de ce domaine ? A lui aussi cette mer était belle, ce ciel lumineux, cette atmosphère voluptueuse ; il n'y a pas toujours eu de l'herbe dans les fentes de cette terrasse ; ce marbre a palpité sans doute sous l'ivresse d'un bal d'été ; que de figures de femmes se sont épanouies à ces balcons qui croulent ! et tout cela, ma sœur, a passé comme cette ombre de fumée qui glisse sur la Somma. Les ruines restent ; oh ! les ruines restent toujours ; la vie est dans elles ; les ruines ne meurent pas.

(*Après une pause* :) Il tarde bien, cet homme, de paraître ! est-ce que je me serais trompé ? ne serait-ce pas ici le lieu qu'il m'a désigné ?

Pendant que Léontio faisait cette réflexion en jetant ses yeux autour de lui pour s'assurer de l'exacte désignation des localités, un vieillard sortit d'une porte qui s'ouvrait au pied d'une tour. Son costume annonçait la plus grande misère, et pourtant à sa démarche, à sa coiffure, au genre même de ses haillons, il paraissait appartenir à une classe au-dessus des paysans de la Campagne de Naples. C'était comme un fantôme de concierge, couvert des insignes en lambeaux d'une domesticité opulente. Il fit quelques pas sur la terrasse, les bras en croix sur la poitrine, la tête tantôt basse, tantôt relevée en arrière, comme s'il eût regardé le zénith. Puis, s'arrêtant tout à coup sous un balcon lézardé, il tira des larges basques de son pourpoint une petite mandoline sans cordes et chanta d'une voix chevrotante ce couplet :

> Laisse tes persiennes vertes
> Entr'ouvertes
> Au balcon des corridors ;
> Que toute harmonie arrive
> De la rive
> Jusqu'à l'alcôve où tu dors.

Le vieillard essuya ses yeux pleins de larmes avec le bois de sa mandoline et continua sa promenade sur la terrasse, les bras croisés, tantôt regardant la terre, tantôt le ciel. Il n'apercevait pas les deux jeunes étrangers qui s'avançaient pour lui parler.

— Excusez-moi, mon père, si je vous suis importun, dit Léontio en s'adressant au vieillard ; est-ce bien Ottayano qu'on nomme cette partie de la montagne ?

Le vieillard s'arrêta tout frissonnant, comme si une voix l'eût réveillé en sursaut ; il fixa sur Léontio et Stellina des regards égarés : ses bras retombèrent lourdement, sa poitrine se gonfla ; les veines de son cou se teignirent de noir ; un souffle bruyant murmura dans sa gorge et dans ses narines ; puis sa figure s'épanouit dans un accès de gaieté délirante, et il s'écria d'une voix tonnante : — Stellina ! Léontio ! ah ! mon bon Dieu ! ah ! je le savais bien que vous n'étiez pas morts ! non, les anges ne meurent pas ; mes honnêtes enfants ! mes jeunes maîtres ! tu es où venez-vous ? que vos habits sont laids ! Stellina, qu'avez-vous fait de la robe espagnole qui vous allait si bien ! On danse, on danse partout, c'est le jour de votre mariage ; vous êtes bien pâle à la noce, jeune épouse ; prends garde au moine, beau mari ; le voilà ! le voilà ! on t'empoisonne, Léontio !

— Oh ! s'écria Léontio étouffé par une émotion non ressentie encore ; oh ! suis-je éveillé, Stellina ! Ma sœur, ma sœur, secoue-moi, secoue-moi, mords ma main, brise mon front avec un caillou, je veux me réveiller !

Stellina poussait des cris sourds et embrassait son frère.

C'était comme un horrible trio de fous : le vieillard riait des lèvres, les yeux fixes et vitrés ; Léontio, la chevelure secouée par l'agitation continuelle de sa tête, et voilant à demi son pâle visage ; Stellina se collant à la poitrine nue et brune de Léontio et l'inondant de pleurs.

— Impossible ! impossible s'écria Léontio, la réalité a menti ; c'est une infâme trahison ! tu es un bandit de comédie, vieillard, on t'a aposté ici pour faire ton jeu ; laisse-moi, Stellina, laisse-moi le tuer d'un coup de poignard.

Le poignard étincelait dans la main nerveuse de Léontio, et l'écume tombait de ses lèvres verdâtres. Le vieillard n'eut pas la moindre émotion ; il ne recula pas, il n'étendit point ses bras pour parer le coup ; un calme sourire de bonheur glissa sur sa figure ; ce fut Léontio qui recula.

— Mes bons enfants, dit le vieillard avec un accent mélancolique, oh ! combien je vous ai pleurés ! les larmes ont brûlé mes yeux. Vous revenez d'un long voyage, n'est-ce pas ? Venez vite ; vos nobles parents vous attendent. Voyez comme le château s'est paré pour vous recevoir. C'est moi qui ai arboré sur cette tour le pavillon de Léon et de Castille : comme il fait bien au vent ce pavillon ! avez-vous vu la chambre nuptiale ? Oh ! elle donne du plaisir !.. Il y a les deux plus beaux cadavres...

— Tais-toi, tais-toi, génie d'enfer ! s'écria Léontio. Mais que me veut ce spectre de vieillard ? Fantôme, rentre dans ta tour. Viens, Stellina ; descendons à la ville... J'ai peur.

— Je ne vous quitte plus, mes jeunes maîtres, je vous suis partout ; ne me refusez pas la grâce de mourir auprès de vous.

— Va-t'en, va-t'en ! tu te feras tuer...

— Ah ! vous êtes bien ingrat, Léontio. C'est moi qui ai cousu de mes mains votre suaire...

Stellina n'eut que le temps de détourner le coup de poignard; il glissa sur le bras du malheureux insensé, et le sang jaillit sur ses haillons.

— Mon frère! mon frère! tu te fais assassin! O mon Dieu! veille sur sa raison!

Le vieillard ne remarqua ni le coup de poignard, ni le sang qui coulait de son bras. Léontio s'était un peu calmé à la vue du sang; il s'approcha du vieillard avec intérêt, pour visiter sa blessure, et en lui parlant avec douceur.

Le vieillard repoussa de la main la main de Léontio; une rougeur écarlate resplendit sur ses joues ridées; des éclairs jaillirent de l'azur orageux de ses yeux. Non! non! s'écria-t-il d'une voix retentissante, non! vous n'êtes pas mes jeunes maîtres! Ils sont morts, et bien morts; j'ai senti, moi, l'odeur de leurs cadavres quand ils pourrissaient au soleil. Vous êtes deux spectres sortis de l'enfer avec les figures de Léontio et de Stellina. Oh! qu'ils ressemblent bien à des spectres, surtout celui-ci! Oh! quelle odeur de soufre ils portent avec eux! Partez, Satan, démons! Frère Gandolfo, viens dire les prières de l'exorcisme! Oh! l'enfer! Comme ils grincent des dents! Léontio crache des lézards! Fantômes! fantômes! hors d'ici! Oh! elle est belle celle-là; mais voyez ses cheveux : ce sont des couleuvres; sa langue est une flamme d'arsenic! Las Vegas! Ottayano! venez lapider ces fantômes qui ont volé la chair de vos enfants! San Stefano vous fournira les pierres. On les a empoisonnés, vos enfants; c'est le bourgeois Marco Théona, en habit de moine, qui a versé le poison. Il a bien fait le moine Marco. N'est-ce pas Las Vegas qui, par jalousie, a mutilé Théona, le jour même où Théona épousait sa belle Romaine? J'ai été témoin du crime, moi. Le moine s'est vengé. Théona s'est vengé : crime pour crime. Théona n'était pas de sang noble, lui! on l'a traité comme un pourceau : Théona s'est vengé, il a bien fait. Bravo, Théona!

Et le vieillard marchait d'un pas précipité vers les ruines, les bras levés au ciel, en criant : Bravo, Théona!

Un autre acteur arrivait.

C'était le chartreux en habit de paysan; il montait lentement le petit sentier et se dirigeait vers Léontio.

— Suivez-moi, dit-il d'un air mystérieux.

Le chartreux marcha vers les ruines du pas résolu d'un homme qui sait où il va. Il traversa une petite cour toute jonchée de pierres et de broussailles; il entra dans un vestibule plein de décombres, où paraissait suspendu l'escalier qui conduisait aux appartements supérieurs. Les premières marches en avaient été détruites; il suppléa aux marches écroulées en amassant des pierres sous les débris de l'escalier, avec l'aide de Léontio. Stellina eut de la peine à les suivre sur ces degrés mouvants et improvisés. Enfin elle atteignit la rampe qui tremblait sous les mains convulsives de Léontio. Les trois acteurs de cette scène, parvenus au premier étage, traversèrent une galerie dévastée, dont les fresques avaient presque entièrement disparu. On lisait sur les murs d'atroces injures contre les Espagnols; elles paraissaient écrites avec du sang. Au bout de la galerie était une porte murée; l'étranger s'arrêta devant et tira des plis de son manteau un énorme instrument de fer.

Une brèche assez large fut faite en un instant. L'obscurité régnait dans cette salle, dont la fenêtre avait été murée comme la porte. L'inconnu entra le premier et démolit le mur bâti contre les volets.

— Entrez, dit-il à Léontio; il fait grand jour maintenant, et il laissa tomber son marteau de fer. Léontio, Stellina, reconnaissez-vous cette chambre?

Stellina était mourante; elle s'assit sur un fauteuil et ne répondit pas. — Comment voulez-vous que je la reconnaisse? répondit vivement Léontio; je ne suis jamais venu à Naples, et cette salle est fermée depuis bien longtemps.

— Eh bien! dit froidement l'inconnu, c'est votre chambre nuptiale, c'est la chambre où vous êtes morts.

— Ah! quand ce rêve finira-t-il! murmura tout bas Stellina. Léontio était au désespoir et regardait autour de lui avec des yeux effrayants.

— Il s'est commis un crime, dit-il, oui, un crime; ce marbre l'atteste; ce marbre a bu du sang ou la sueur d'une double agonie! On reconnaît là les traces de deux cadavres.

— Oui, tu dis vrai, Léontio; c'est ici où tu as été empoisonné, toi et ton épouse; voilà la trace du cadavre de Stellina, voilà la trace du tien. Ces deux flambeaux ont éclairé ta dernière nuit; ces habits sont les tiens; ces robes sont celles de ta femme; vous pouvez les revêtir : ils iront à votre taille; voilà ton épée, dont la poignée d'argent figure la lettre L. Reconnais ton chiffre, Léontio. Voilà le lit nuptial! tu n'y as jamais dormi, jeune époux!

— Songe d'enfer! s'écria Léontio au comble du délire; sainte Vierge, à mon secours! Est-ce qu'il ne me semble pas maintenant que je reconnais cette chambre? Ce souvenir a été fugitif comme l'éclair, mais j'ai eu le temps de le saisir, Stellina!..

— Viens, viens, mon frère; sortons, sortons, ou je meurs ici, oui, j'y meurs!..

— Pour la seconde fois, dit l'inconnu avec un grand calme.

Jamais figure d'homme n'exprimera le mouvement intérieur de Léontio à cette réponse poignante de sang-froid.

L'inconnu continua :

— Jeunes gens, ce n'est rien encore; vous êtes ici en mon pouvoir, vous n'en sortirez qu'après avoir tout vu. Je vous épouvante, n'est-ce pas? Il faut que je sois bien lâche, non pas toi, faible femme, mais toi qui as déjà le regard de l'homme, et qui parais en avoir le cœur; regarde si j'ai l'air de trembler, moi. Léontio! regarde ma figure, elle est sereine, mes doigts n'ont pas de convulsions, mon pouls est calme! Je suis dans un lieu où tout me rappelle une épouvantable nuit, une nuit comme les étoiles n'en éclaireront plus; eh bien! je suis à mon aise. Et pourtant, lorsque je vous vois tous deux là, devant moi, devant ces portraits, devant ces vêtements de noces, je suis moins sûr de mon existence que de votre mort. Pour moi, vous êtes deux horribles fantômes échappés du tombeau afin de troubler ma vie. Tu dis que tu crois rêver, Léontio! et moi je ne puis pas même me rassurer avec cette idée du songe, car je n'ai pas ton imagination folle, moi. Je me rends fort bien compte de mon état ; je sais que tout est réalité dans ce que je vois, et ce que je vois, je ne le comprends pas. Léontio, il y a dix-huit ans passés que je me suis enfermé dans la chartreuse Saint-Martin ; là, je ne me suis occupé que de Dieu et de toi. Ce que le monde a fait dans ce temps, je l'ignore et m'en soucie fort peu ; je n'ai pensé qu'à ce que j'ai fait, et surtout à ce qui m'a été fait. J'ai cherché dans le calme d'une chartreuse une distraction à mes souvenirs, un remède à mes maux, un pardon à mes... fautes. Après dix-huit ans, je touchais à la guérison. Je t'ai vu hier, toi et ta femme !.. Que maudit soit le jour d'hier. C'est le démon du fort Saint-Elme qui vous a conduits par la main à la chartreuse ! Mes dix-huit ans de résignation sont perdus ! Il faut que je me mette à la piste d'une énigme, et si j'en trouve le mot, il faut que ma main soit esclave d'un ancien serment fait sur la tombe de ma femme ; il faut que je ramasse cette aiguille d'or et qu'avec sa pointe j'écrive, pour la seconde fois, un mot sur la poitrine d'un cadavre. Tout cela n'est pas bien clair pour toi, Léontio ; mais ces murs me comprennent, ces marbres tremblent en m'écoutant, les rideaux de cette alcôve frissonnent. Oh ! Dieu m'en est témoin, si je forme un vœu à cette heure, c'est que ta chair ne soit point de la chair, c'est que la chair de ta femme ne soit pas une chair de femme ; soyez spectres tous deux pour me rendre innocent. Rassure-moi, Léontio ; n'est-ce pas que tu viens de sortir de la tombe ? Te souviens-tu d'avoir vécu au soleil ? Non, non, ton corps n'est que l'apparence d'un corps, n'est-ce pas ? Laisse-moi toucher les cheveux de ta femme.

— Misérable ! je t'étrangle, si ton regard seulement souille ma sœur !

— Oh ! ne t'alarme pas, Léontio ; ma main ne peut rien sur une femme : elle est froide comme celle d'une statue ! Si le cœur d'une femme pouvait palpiter sous ma main, nous ne serions pas ici occupés à nous servir d'épouvantail mutuel.

— Oh ! s'écria Léontio, voyons, qu'as-tu à me dire encore ? Ma sœur a besoin de repos ; délivre-nous de toi et de ton attirail de mort ; je suis las de t'écouter, voici bientôt la nuit...

— Ah ! tu es las de m'écouter ! dit l'inconnu avec un aigre sourire ; ce n'est pas du sang de fantôme qui coule dans tes veines ! tu n'as pas la froideur du tombeau, bouillant jeune homme ; tant pis ! Eh bien ! si tu n'écoutes pas, regarde !

Et il arracha lestement les voiles noirs qui couvraient les deux portraits ; on aurait dit qu'ils avaient été peints la veille : ils étaient frappants de ressemblance, de formes, de taille, avec Léontio et Stellina.

— Pour compléter la ressemblance, ajouta l'inconnu, ramassez vos habits de noces et revêtez-les.

Stellina se leva, fit le signe de la croix et retomba sans connaissance sur le fauteuil ; le cri de l'effroi s'arrêta entre les lèvres béantes de Léontio. Les doigts de sa main gauche se crispaient dans les larges touffes de ses cheveux. Il s'évanouit.

V.

LE TOMBEAU.

Stellina était revenue de son évanouissement ; assise sur le marbre, elle avait posé sur ses genoux la tête de Léontio et la couvrait de larmes. Léontio semblait dormir ; sa respiration s'entrecoupait de soupirs et de cris sourds : c'était une léthargie, sans doute, pleine de rêves pénibles. Stellina n'osait interrompre ce mauvais sommeil qui, du moins, était une sorte de trêve, une apparence de repos.

La lune était réfléchie dans une glace de la chambre, et semblait regarder le groupe fraternel tout illuminé de ses mélancoliques rayons. Cette triste veillée s'éclairait ainsi au flambeau du soleil des ruines. La jeune fille, protectrice du sommeil de Léontio, avait trouvé dans cette fonction si douce un courage bien au-dessus de sa faiblesse ordinaire. En reprenant ses sens, elle n'avait plus revu le chartreux ; et quoiqu'elle craignît, à chaque instant, de le voir entrer, elle se trouvait presque heureuse d'être délivrée de la présence de cet homme mystérieux. Léontio fit un léger mouvement de tête et ouvrit les yeux ; la figure penchée de Stellina qui le regardait lui rendit un peu de force au cœur.

— Où sommes-nous ? s'écria-t-il d'un air égaré ; dis, Stellina, où sommes-nous ?

— Tu es auprès de moi, mon frère, répondit la jeune fille avec une voix plus harmonieuse que le son de la lyre qui endort les douleurs.

La voix de la femme a été notée pour embaumer la souffrance ; la voix de la femme est un écho du ciel.

Léontio baisa les mains de Stellina en versant d'abondantes larmes : tout à coup il jeta de rapides regards autour de lui et dit d'une voix basse et tremblante : Où est-il le spectre de la chartreuse ? sommes-nous seuls ?

— Oui, oui, mon frère ; il y a déjà trois heures que je garde ton sommeil, et personne n'est plus entré ici. J'ai entendu deux voix là-bas, sur la terrasse ; une de ces voix m'est connue, c'est celle du chartreux ; l'autre, je ne l'ai jamais entendue ; elle est forte, brusque et hautaine. Si j'avais pu t'abandonner un seul instant, je me serais rapprochée de la croisée ouverte, pour écouter leur conversation ; de cette place, je n'ai pu entendre que des mots sans suite ; nos noms étaient souvent prononcés par ces deux hommes. Il y a bien longtemps qu'ils sont partis, du moins je le présume, car je n'ai plus entendu que le souffle de ton sommeil.

Léontio marcha vers la croisée et regarda la campagne. Pas un être vivant n'animait ce désert ; la brise était suave à respirer ; l'aube blanchissait déjà la cime des grands pins ; on entrevoyait quelques barques qui cinglaient d'Ischia vers Misène ; l'alouette lançait à l'air des notes claires, veloutées, joyeuses ; c'était la seule voix qu'on entendît sur le sommet silencieux d'Ottayano. Stellina, qui s'abandonnait avec sa légèreté de jeune fille aux douces impressions du moment, aussi oublieuse du passé qu'imprévoyante du plus proche avenir, Stellina disait à Léontio : — Mon frère, ce charme de l'aube me fait un plaisir doux comme une de tes caresses; je n'ai jamais vu la nature si belle. Dans la maison où nous avons passé notre enfance, j'ai vu la mer bien des fois; mais cette mer était triste, et la montagne mélancolique. A Rome, je n'ai jamais joui de la fraîcheur de l'aube que dans notre rue de Saint-Théodore : de notre croisée on voyait des ruines noires, de vieux murs de briques et de pauvres gens qui allaient au travail avant le soleil, pour se faire la journée plus longue. Ici, regarde comme tout est beau; respire comme tout est parfumé. Oh! viens, oublions tout, descendons là, dans ce bois; allons voir lever le soleil, au bord de cette montagne qui s'avance vers la mer. Viens, mon frère, cela te fera du bien.

Léontio, la tête encore bouleversée, se laissa entraîner par Stellina. Ils descendirent l'escalier en ruines et arrivèrent sur l'esplanade.

Ils marchaient au hasard, silencieux et craintifs; au moindre bruit, Léontio saisissait son poignard, et la flamme lui montait au visage. Il y avait assez de clarté déjà pour distinguer tous les objets voisins.

Un massif de cyprès frappa Léontio : voici un tombeau, dit-il; les tombeaux nous poursuivent! C'est un sarcophage abandonné depuis longtemps, car il est tout couvert de lierre et de hautes herbes; c'est un bel effet de paysage!

Il s'avança, et coupa avec son poignard les arêtes du lierre collé contre la porte du tombeau. Voici des lettres, c'est une épitaphe sans doute; j'aime les épitaphes; je veux lire celle-ci; voyons si...

Il ne put achever, ses cheveux se hérissèrent d'horreur; d'un signe il appela Stellina restée un peu en arrière; elle suivit l'indication du doigt de Léontio.

Le jeune homme prononça lentement et d'une voix sourde les mots de l'épitaphe :

LÉONTIO ET STELLINA.

MORTS LE 11 MAI 1646, JOUR DE LEUR MARIAGE!

Les deux jeunes gens se regardèrent quelques instants dans un silence de stupéfaction.

Le désespoir donna à Léontio un accès de force, de courage et de fureur; il ouvrit la porte du tombeau et vit deux places de cadavre...

— Vide! s'écria-t-il..... Mais regarde, regarde, Stellina, ces deux médaillons de marbre; reconnais-tu ces profils? y a-t-il deux profils comme le tien au monde? Mon Dieu, mon Dieu, descends, parle-moi sur la montagne, comme à Moïse, ou je meurs fou!

La jeune fille s'était agenouillée sur le gazon et priait, un chapelet à la main.

Tout à coup il se fit une révolution sur la figure de Léontio. Ses traits rayonnèrent, comme de bonheur, ses yeux s'éclairèrent de joie.

— Eh bien, oui! s'écria-t-il, j'accepte l'épitaphe!

Merci, tombeau! merci, révélation de la tombe! Oui, oui, Stellina, ce jour n'est pas un jour de mort; cette aube est le rayon matinal de ma vie! Ces cyprès sont des myrtes! ces lettres funèbres étincellent d'or! Stellina, Stellina, lève-toi, lève-toi! tu n'es plus ma sœur; Léontio n'est plus ton frère; je suis ton amant! ton époux! Oh! je le savais bien, Stellina; Dieu ne m'aurait pas mis au cœur une passion criminelle! Oui, oui, je suis fantôme, je suis ressuscité, je suis une exception dans la nature; tant mieux! Que m'importe de vivre d'une vie de mort, si je puis aimer Stellina comme une amante : je suis prêt à tuer celui qui viendra m'expliquer ce mystère en me rendant une vie et une sœur! Je veux être mort et ton époux, plutôt que ton frère et vivant.

Et il entraînait Stellina vers la grande allée de pins; la jeune fille pleurait de joie; jamais elle n'avait vu Léontio dans cette auréole de bonheur : elle, toujours si soumise à son frère, écoutant sa voix comme la voix de Dieu, elle s'abandonnait à des caresses de flamme, sans crainte ni remords. Bien loin de dissuader Léontio d'une erreur qui consolait l'inconsolable jeune homme, elle n'ouvrit la bouche que pour mettre le comble à sa joie. — Oui, oui, mon frère... mon ami, mon Léontio, oui, c'est Dieu qui t'inspire; c'est Dieu qui nous a conduits ici par la main. Eh! je le sentais bien aussi que je ne t'aimais pas de l'amour incestueux d'une sœur : oh! je t'aimais bien mieux! Combien de fois une parole d'amour s'est arrêtée sur mes lèvres! Et ce matin, quand tu dormais sur mes genoux, tu ne sais pas combien de caresses d'amante tu as reçues sur le front; c'est ce qui t'a rendu la vie, Léontio, mon frère, mon ami.

— Ton époux! ton époux! notre contrat de mariage est écrit sur le bronze! Dieu lui-même a semé du lierre sur ce registre nuptial, afin qu'aucun doigt profane ne pût l'effacer. Tiens, crois-tu que ces baisers dont je te brûle soient des baisers de cadavre! Adieu, Naples! adieu le monde! adieu tout! Viens, Stellina.

Et ils étaient entrés dans ce pavillon du bout de l'allée, le même où l'autre Léontio et l'autre Stellina furent surpris par le moine empoisonneur... On n'entendit plus que le murmure de la fontaine voisine, le chant de la brise dans les aliziers et le son des molles vagues expirantes sur le rivage.

Le soleil était bien haut sur l'horizon quand les deux époux de la mort quittèrent le pavillon nuptial; Léontio, serein comme un ange du ciel, Stellina, langoureusement suspendue au bras de son ami. Ils étaient tout entiers l'un à l'autre et ne s'apercevaient pas qu'un étranger faisait mine de leur barrer le passage de l'allée.

— Mon ami, rentrons dans le bois, dit Stellina; voici encore quelque mauvaise nouvelle qui nous arrive.

— Oh! maintenant, mon amie, je défie bien l'enfer de m'épouvanter; tu es ma femme, cela me suffit, tout le reste m'est indifférent.

Il considéra avec attention l'inconnu de l'allée et s'arrêta brusquement.

— Non, dit-il, non, mes yeux ne me trompent point; c'est Salvator Rosa!

— Oui, vous m'avez reconnu, répondit le grand artiste en se rapprochant; et c'est vous que je cherche. A notre première entrevue, vous étiez sans nom et vous me traitiez d'Excellence, aujourd'hui, c'est le plébéien Salvator Rosa qui salue le duc d'Ottayano.

Léontio gardait le silence, ne comprenant rien à ce début. Salvator continua :

— J'aime les aventures, moi; j'aime les hommes de passion orageuse; je me fais souvent conter des histoires par ceux qui ont beaucoup vu, beaucoup joui, beaucoup souffert. Ma vie est la plus fabuleuse des vies : j'aime les gens qui me ressemblent. Je vous ai suivi pas à pas depuis le jour de notre rencontre au Janicule. Le lendemain je me rendis à votre maison de la rue Saint-Théodore; on me dit que vous étiez parti pour Naples; j'avais quelques affaires de famille à régler à Naples, je pris donc le même chemin que vous. Un vif intérêt, une curiosité singulière m'attachaient à votre existence. A force d'interroger mes souvenirs, je me rappelai que je fus un jour appelé là, dans ce château, pour peindre deux époux qui portaient le même nom que vous et madame. J'appris ensuite que cette noce avait fini par un empoisonnement. Je ne crois pas, moi, aux choses surnaturelles, bien que mon imagination soit folle à volonté; je ne pus admettre que c'était votre figure qui avait passé sous mon pinceau; il fallait donc qu'un autre enfant fût né de la même mère. Mais à qui m'adresser pour me conduire dans un labyrinthe de conjectures? Tous les maîtres de ce château étaient morts de mort violente ou naturelle; il ne restait de deux familles qu'un concierge fou. Il me vint à l'idée que si deux enfants nouveaux étaient nés après la mort des premiers, à coup sûr un prêtre les avait baptisés sous le même nom que leurs frère et sœur : c'est l'ordinaire consolation des parents malheureux. Après trois jours de recherches dans les églises de Naples, j'ai enfin découvert un vieux franciscain qui s'est souvenu d'avoir donné le baptême à deux enfants, dans une maison éloignée de la ville, et d'y avoir été conduit avec un mystère qui semblait être une précaution contre un ennemi acharné. Le franciscain m'a ajouté qu'il se rappelait fort bien toutes les circonstances de cet événement, car il avait été rémunéré de son œuvre avec une grande libéralité. — Bien plus, a-t-il dit, je me souviens que la petite fille Stellina avait au bas de sa poitrine une légère empreinte écarlate qui figurait une aiguille d'or, comme celles que les femmes portent aux cheveux.

Léontio poussa un cri de joie, se précipita au cou de Salvator Rosa et le tint longtemps étroitement embrassé.

— Oui, oui, s'écria-t-il, c'est vrai! c'est vrai! Homme du ciel, tu me rends la vie !

Stellina pleurait d'attendrissement. Salvator continua :

— Mes pas étaient attachés aux vôtres, comme je vous l'ai dit : hier soir, à l'entrée de la nuit, je suis arrivé là, sur cette esplanade, avec deux domestiques; je vous appelai à haute voix par votre nom, et personne ne répondait; enfin un homme est sorti de ces ruines, j'ai couru à lui, et lui a tremblé en me reconnaissant : c'était Marco Théona! J'avais longtemps vécu avec lui dans les Abruzzes, moi, peintre de paysages, et lui, bandit. Un grand malheur, le désespoir, la vengeance, avaient jeté Théona dans les Abruzzes; il était toujours sur la route de Naples à Rome, comme un chasseur à la piste qui attend le gibier qu'on lui a désigné. J'ai usé de mon ascendant sur Théona pour lui arracher des secrets, car je savais que son histoire se liait à celle de vos familles; je l'ai menacé de le livrer aux sbires, il a parlé. — Allons à Naples, m'a-t-il dit, ce n'est qu'à Naples que je puis vous indiquer la retraite de Léontio et de Stellina. Nous sommes descendus de la montagne. A Portici, nous avons pris une barque. Sur le point d'aborder, Théona m'a dit : Vos deux protégés sont peut-être morts; vous les trouverez dans les ruines d'Ottayano; il y a tout auprès un tombeau vide avec leurs noms gravés; vous n'aurez pas beaucoup de peine pour les ensevelir. Quant à moi, mon malheureux destin est accompli !.. Et il s'est jeté à la mer. Au lieu de deux cadavres à ensevelir, j'ai trouvé deux époux à embrasser. Venez prendre vos vêtements de noces.

— Ah! dit Léontio en baisant les mains du grand artiste, je n'aurais pas cru que le bonheur fût si léger ! Quel jour que celui-ci ! Où puis-je voir finir un aussi beau jour?

— Où il a commencé ! dit Salvator: Demain vous viendrez à ma maison du Pausilippe; là, je vous expliquerai tout; aujourd'hui nous restons à votre château, duc d'Ottayano; mes domestiques ont songé à tous nos besoins. Dans une heure, vous serez mariés à l'église de Résina, et ce soir...

Le soir, dans la chambre nuptiale, tout illuminée, le duc et la duchesse d'Ottayano, revêtus des habits de leurs frère et sœur, recevaient les félicitations de Salvator Rosa et de sa famille; puis les flambeaux s'éteignirent, une seule lampe d'argent à quatre rayons éclaira mollement la chambre. De brûlantes paroles d'amour s'échangèrent encore auprès de ce lit, couvert de la riche étoffe aux franges d'or; mais cette fois les époux y dormirent.

Le lendemain, Léontio dit à sa femme : Mon frère et ta sœur sont morts indignement ici; Dieu ne pouvait les ressusciter : mais Dieu est juste, il a fait tout ce qu'il était en sa puissance de faire, il les a ressuscités en nous.

FIN DE L'AME TRANSMISE.

VAN-DICK

AU PALAIS BRIGNOLA

I.

La ville de Gênes s'était levée, avec le soleil de ses plus beaux jours, pour assister au mariage du comte Brignole. La darse faisait silence, le môle était désert devant la fontaine de Saint-Christophe; les galères dormaient dans les eaux calmes et bleues qui reflètent, en le brisant, le péristyle du palais Doria. Tout le bruit s'était réfugié dans la via San-Luca; toute la foule amoncelée dans le voisinage *dei Banchi* se dirigeait vers *San-Lorenzo*, la cathédrale, en inondant les rues étroites et tortueuses qui étouffent cette magnificence gothique, écartelée de marbre noir et blanc.

Les Génoises sont belles, mais la comtesse était plus belle qu'une Génoise. Elle avait dix-huit ans; on n'a jamais vu de plus beaux cheveux noirs que les siens sur un front aussi pur, un plus beau teint sur un visage plus angélique : elle était citée en Italie, à une époque où l'Italie avait tant de femmes à donner en modèles aux artistes ses enfants.

Le comte Brignole, l'allié des Durazzo et des Doria-Tursi, avait fait bâtir, dans la strada Balbi, un palais digne de l'adorable femme qu'il épousait.

C'était une de ces merveilles de marbre qui ont immortalisé le nom de l'architecte Tagliafico, et valu à la ville cette glorieuse appellation de Gênes la superbe. De splendides mosaïques couvraient les murs et les parquets inférieurs; et quand on montait l'escalier où des marbres de toutes couleurs arrachaient l'admiration par la hardiesse de leur coupe, on était étonné de n'avoir encore vu qu'un faible échantillon des magnificences que renfermait ce palais.

L'église de Saint-Laurent resplendissait de lumières et d'étoffes précieuses où l'or et l'argent se mêlaient en riches dessins à tous les tissus. Toute la noblesse, sortie de ses palais de marbre, inondait la grande nef et le sanctuaire; la bourgeoisie opulente s'entassait dans les nefs latérales; la populace curieuse se pressait sur l'étroit parvis, sous le porche et à toutes les issues. Personne n'était venu là pour prier; la reine de la fête religieuse se nommait la comtesse de Brignole. Il était difficile de l'entrevoir agenouillée devant l'autel; mais quand elle se levait, et que, rejetant son voile en arrière, elle se retournait un seul instant vers les nefs, alors un murmure d'admiration montait aux voûtes avec les notes du chant grégorien, et l'on ne savait plus si la foule adressait une hymne de louanges à la comtesse ou à la Vierge de l'Assomption.

Car, par un étrange choix, le jour où se célébrait ce mariage était le quinze du mois d'août, et les deux fêtes, la fête nuptiale et la fête religieuse se trouvaient ainsi confondues en une seule.

Tout ce monde accouru de toutes les parties de la ville formait la parenté ou la clientèle des deux maisons qui s'unissaient. La noblesse de Gênes allait rarement chercher ses alliances au dehors. De la sorte, au bout de quelques siècles, toutes les familles, même celles qui se trouvaient sans cesse en rivalité pour les charges et les dignités publiques, étaient à un degré quelconque unies par les liens du sang. Cela faisait qu'aux jours du danger tous formaient une masse compacte, marchant sous de rares bannières et un fort petit nombre de chefs, toujours illustres et de glorieux renom.

On remarquait aussi, à quelques pas devant la rampe du sanctuaire, un jeune homme d'une figure, d'un regard et d'une pose de corps extraordinaires. A tous ces signes extérieurs il était aisé de reconnaître qu'il n'appartenait ni par sa naissance, ni par sa vie, ni par ses mœurs, à la ville de Gênes. Il n'était habillé ni comme un seigneur, ni comme un bourgeois, ni comme un marchand. Il avait inventé son costume tout d'une pièce, soie et velours noir. Son visage était pâle; une moustache déliée noircissait sa lèvre; une barbe pointue tombait de son menton. Il ne s'agenouillait pas, il ne priait pas, il ne s'asseyait jamais. Il regardait la belle comtesse avec des yeux d'une mystérieuse expression, il la regardait toujours. Il était immobile, appuyé contre un pilier; et si quelques vives émotions tourmentaient son âme, rien ne transpirait au dehors : à le voir ainsi posé, on l'aurait pris pour un portrait en pied tombé de son cadre et incrusté sur un pilier de Saint-Laurent.

Ce jeune homme était le peintre hollandais Antoine Van-Dick.

Ton sang coule, il faut que j'arrête ton sang.

Par quel hasard l'élève chéri du Flamand Pierre-Paul Rubens se trouvait-il à Gênes le jour du mariage de la comtesse Brignole? Ceux qui ont visité la ville n'adresseront jamais cette question. En effet il n'est pas de ville au monde qui ait fourni autant que Gênes des modèles au pinceau célèbre du peintre hollandais. Entrez dans n'importe quel palais de la strada Balbi ou de la strada Nuova, vous trouverez des portraits peints par Van-Dick. L'Angleterre paierait de tout son or les toiles accrochées aux galeries de ces palais abandonnés par leurs maîtres pour cause d'infortune. Mais ceux-ci ne les lui céderaient pas. Le portrait de famille est toujours à leurs yeux la plus belle portion de l'héritage paternel et cela suffirait pour justifier ce sentiment de prédilection qui ramena si souvent l'artiste hollandais dans les murs de Gênes la superbe.

Debout, contre le pilier de San-Lorenzo, on eût dit que Van-Dick, en proie à une vive préoccupation intérieure, était étranger à tout ce qui se passait autour de lui.

Il ne parut s'animer qu'au moment où les bannières et les guidons des confréries descendirent du sanctuaire dans la grande nef et que la statue d'argent de la Vierge, portée par quatre marins de la galère Doria, traversa la foule, comme si elle eût glissé sur les têtes. Après la cérémonie du mariage, la procession commença. La comtesse Brignole marchait après la Vierge; son époux la suivait d'un air singulièrement orgueilleux. Le noble comte était dépourvu de cette spirituelle intelligence que la nature donne à tous les Italiens.

Quand il passa devant le peintre Van-Dick, le grand artiste dit au comte Pallavicini :

— « *Ma vie pour un quart d'heure de cet homme!* »

Personne n'entendit ces paroles murmurées à l'oreille d'un ami; elles se perdirent dans un énergique *Salve*

Regina que le peuple entonnait avec furie, en brûlant de ses regards la comtesse Brignole qui faisait des largesses aux bassins de tous les couvents.

Van-Dick, arraché à sa contemplation, se mêla au noble cortége et descendit avec la procession vers le faubourg de Saint-Pierre d'Arena.

C'était au tomber du jour, le soleil s'inclinait sur les belles eaux du golfe Ligurien; les collines resplendissaient d'une douce lumière; les cloches sonnaient à toute volée; les vaisseaux saluaient de leur artillerie les deux vierges triomphantes; les banderolles flottaient à la brise; le genêt et l'encens parfumaient l'air, et lorsque de tous ces bruits joyeux, de tous ces parfums de mer et de collines, de tout ce frémissement de bannières, s'élançait en chœur l'*Ave maris stella*, Van-Dick sentait des larmes sur ses joues et des frissons partout.

Le palais Doria ouvrit ses portes au clergé de Saint-Laurent. L'*Ave maris stella* éclata sous les colonnades qui s'avancent sur l'eau; l'hymne virginale fut répétée à bord de toutes les galères voisines; il semblait que le ciel, la terre, la mer, saluaient d'un chœur immense la jeune épouse qui étincelait comme un astre sous le portique de marbre du beau palais Doria.

II.

Van-Dick sortit des rangs et monta aux jardins solitaires qui s'élèvent en amphithéâtre derrière le palais, du côté de la statue du Géant.

Là, il se recueillit pour penser à ce qu'il avait à faire. Il aimait la comtesse, non d'un amour vulgaire, mais d'une passion d'artiste; il l'aimait depuis deux ans; il avait vu éclore cette belle fleur dans les nymphées du palais Tursi, au milieu des fontaines et des citronniers.

Dans l'enfant il avait deviné ce que serait la femme un jour, et l'artiste s'était trompé : la femme en se développant laissait derrière elle la création idéale d'une imagination exaltée. Elle était arrivée à ce point suprême de beauté qui supprime toutes les analyses et tous les arrangements pour ne laisser de place dans l'esprit que pour l'adoration.

Van-Dick, dans le jardin Doria, ne la voyait plus comme jadis dans les jardins parfumés du palais Tursi, mais bien telle qu'elle venait de lui apparaître, au milieu de l'admiration et des désirs de tous à l'église de San-Lorenzo.

Le peintre n'avait rien à offrir à ces familles génoises, plus opulentes que des rois; il n'avait ni palais de marbre, ni galions dans le port; il s'était donc toujours tenu à l'écart avec le secret de son amour. Un seul homme avait reçu ses confidences, le comte Pallavicini, noble et généreux seigneur, qui aimait les arts et les artistes et avait voué une amitié toute particulière au peintre hollandais. Il aurait volontiers donné sa fortune à Van-Dick; mais son palais et sa villa magnifique l'avaient ruiné complétement.

La fête, le chant, les cloches, la foule avaient pu un instant distraire Van-Dick. Maintenant, isolé dans la vigne des Doria, il supportait tout le poids brûlant de sa passion. Il regardait la mer, spectacle sublime qui attriste souvent et ne console jamais; il regardait la superbe Gênes, assise au soleil sur ses montagnes, chantant sa joie avec les cloches aériennes, associant, sur la même colline, le couvent austère et la villa pleine de profanes voluptés. Van-Dick fermait ses yeux et frappait son front. Alors une brise lui apportait la mélodie lointaine de la procession, refrain expirant, léger, purifié dans l'espace, et doux à son oreille comme une parole italienne exhalée des lèvres de l'adorable comtesse Brignole.

Van-Dick, la poitrine brisée, se leva vivement et saisit d'une main convulsive son épée qu'il avait suspendue à la feuille charnue et épineuse d'un aloès.

Il descendit du sommet de ce magnifique jardin, escarpé comme une pyramide, il traversa le pont jeté sur la rue, de la treille au palais, et entra dans la galerie où il avait laissé le comte Pallavicini.

La galerie était déserte. Van-Dick ne daigna regarder ni les fresques nationales de Perina di Vaga, ni les statues de Philippe Carlone; il suivit les traces de la procession sur une route de fleurs.

Le clergé de Saint-Laurent était depuis longtemps rentré à la cathédrale; la foule était remontée aux maisons; le cortége nuptial était rentré au palais du comte Brignole; des groupes encore nombreux s'entretenaient du mariage du jour sur la place de l'Annonciade. Van-Dick, en la traversant, entendit prononcer le nom de la comtesse et exalter sa beauté avec cet enthousiasme bruyant et contagieux qui éclate dans toutes les conversations en plein air chez les peuples du Midi. Il ne s'arrêta pas : la nuit tombait; il se glissa timidement dans la strada Balbi, et une dernière et terrible émotion faillit l'étouffer, lorsqu'il aperçut le palais Durazzo illuminé, pavoisé, bordé de belles dames à toutes ses terrasses et au balcon de ses deux pavillons aériens.

Le bal avait commencé après la procession, le délire de la danse ébranlait déjà le magnifique palais, montagne de marbre toute brodée à jour, toute festonnée, toute pleine d'escaliers agiles et de sublimes colonnades. Van-Dick s'appuya sur le mur du palais Serra, et demeura comme anéanti dans la contemplation. Il souffrait de cette douleur d'artiste qu'aucun signe, aucun mot, aucune langue ne peuvent exprimer; de cette douleur si cruellement inventée par la nature afin de punir les hommes d'élite des dons supérieurs qu'ils ont reçus et qui leur sont si follement enviés par la foule stupide qui ne souffre pas.

Il sortit de sa cuisante rêverie en apercevant, à la lueur des torches, le comte Pallavicini qui descendait le grand escalier; il prit vivement son bras et l'entraîna dans la petite rue de San-Ciro.

— Parle-moi de cette femme; dis-moi, l'as-tu vue?

Ces paroles s'échappèrent brûlantes des lèvres de l'artiste, et en attendant sa réponse ses yeux restèrent suspendus aux lèvres de son ami.

— Je viens de danser avec elle à l'instant, dit froidement Pallavicini.

— Donne-moi ta main alors, que je la baise; elle a touché sa main.
— Artiste, tu es fou.
— Je suis au désespoir.
— Le temps te guérira.
— Jamais.
— Il m'a bien guéri, moi! j'ai perdu bien plus qu'une femme; j'ai perdu deux palais...
— Oh! je donnerais toute la strada Balbi pour un baiser de cet ange!
— Si la strada Balbi t'appartenait, avant de la donner, tu ferais tes réflexions.
— Je donnerais ma vie.
— C'est plus aisé. Mais voyons, que veux-tu faire? cette femme est mariée...
— Pas encore.
— Comment, pas encore? Tu es fou... J'ai signé son contrat de mariage.
— Pas encore, te dis-je!
— Ah! j'entends!.. Eh bien! voilà dix heures qui sonnent à Saint-Charles; dans deux heures elle sera mariée...
— Ah! oui! malédiction à ce comte stupide! Eh! que fait-il, lui?
— Lui! il fait le mari; il suit sa femme dans tous les quadrilles; il la dévore des yeux; il lui dit des mots à l'oreille, il regarde sa montre à chaque minute; il a fait avancer d'une demi-heure la pendule du grand salon du bal; il est heureux, il est fou.
— Et la femme?
— La femme danse; elle est ravie de danser; elle sort du couvent..... son bal de noces est son premier bal; elle danserait toute la nuit et tout le lendemain...
— Paraît-elle avoir de l'amour pour son?..
— Elle danse, te dis-je: quand une jeune femme danse, elle ne pense qu'à elle, à sa toilette et à son danseur.
— Folle!.. Et c'est pour ces êtres-là que nous nous consumons, que nous incendions nos poitrines, que nous perdons nos âmes, que nous brisons nos corps!.. Et puis elles viennent nous dire qu'elles aiment mieux que nous!.. Atroce dérision!.. Leur amour d'amante n'est que de l'amour-propre; leur amour d'épouse, qu'une conspiration de toilette, leur amour de mère, qu'un instinct commun de la nature... Oh! je déraisonne; ma tête me brûle; soutiens-moi, ou je me brise le front sur ce pavé.
— Mon pauvre ami!
— Oh! j'ai là clouée au front une idée intolérable! une idée qui est un tison; une idée que je ne puis éteindre!.. Dans deux heures!.. Malédiction!
— Écoute, parlons d'autre chose... As-tu vu la marine d'Arazzi qu'on vient de recevoir à la villa Scoglietto?..
— Non... Arazzi fait des marines?.. Dans deux heures! un homme...
— Il n'excelle pas dans les marines.
— Il n'excelle pas dans rien...
— Ah! voilà de l'injustice d'artiste! Sa *Bataille du palais Doria* est un chef-d'œuvre.
— Son coloris est faux... Entends-tu? entends-tu?

la musique ne joue plus; le bal est fini... Viens, rentrons à la strada Balbi...
— C'est un intermède!.. on ne peut pas toujours danser; en ce moment on se repose, on dansera jusqu'au jour...
— Oui, les autres, mais elle?..
— Elle... elle aussi, peut-être... Comment trouves-tu les sfresques de notre *Perino di Vaga?*. Aimes-tu ce talent?..
— Non... c'est commun, c'est grossier d'exécution... Eh bien! la musique ne reprend pas... C'est fini! c'est fini!..
— Cela va recommencer... Je veux te faire un cadeau... le dernier tableau qui me reste... c'est une Vierge de Giordano...
— Viens, allons au palais Duzazzo.
— Que dis-tu de Giordano?
— Un barbouilleur... un peintre de galères... Garde ton tableau... Mon Dieu! quelle horrible journée!.. L'église, l'encens, les fleurs! l'*Ave maris stella*, la mer, la prière, les folies, le bal, l'amour, l'amour inexorable! C'est un jour chauffé avec les flammes de l'enfer pour moi; pour les autres, embaumé par les roses du paradis... Allons chez Durazzo... Viens.

Il n'y avait aucun moyen de résister à cette fougue de l'impétueux artiste. D'ailleurs, en ce moment, l'abandonner eût été un crime. L'amitié que lui portait le comte Pallavicini était profonde et capable des plus grands sacrifices. Le comte se laissa entraîner vers le palais Durazzo.

III.

Ils remontèrent la petite rue escarpée de San-Ciro, et ils s'assirent sur un bloc de marbre qu'on travaillait pour le palais Serra. La musique du bal retentissait de nouveau; mais il y avait sur les terrasses moins de bruit, moins de foule, moins de joie.
— C'est l'agonie du bal, dit Van-Dick d'une voix sourde; c'est la mienne aussi...

Il se leva vivement.
— Tiens, regarde là... regarde ces quatre croisées que l'on ferme... Sais-tu quelle est cette chambre?.. Je le sais, moi! C'est la chambre du maître!.. la chambre nuptiale!.. Comte Pallavicini, êtes-vous mon ami?
— Ton amitié, c'est tout ce qui me reste de ma fortune; j'y tiens.
— Eh bien! écoute: la nuit court, l'heure brûle; le sang gonfle mon cœur; je vais mourir, si tu ne m'assistes.
— Parle, que faut-il faire?
— Monte au palais Durazzo, demande à parler au comte en secret, qu'il soit au salon ou dans sa chambre, debout ou levé. Tu lui diras que l'ennemi de son père, le marquis de Gippino, l'attend au puits de la vallée du Lerbino avec son épée et son poignard; que Gippino se rend en toute hâte à Florence, et ne s'arrête qu'un instant sous les remparts de Gênes pour ce duel à mort; qu'un refus sera une infamie pour lui; un re-

tard, une lâcheté. Va, va! les lumières s'éteignent, les femmes accompagnent la comtesse au lit nuptial; point de réponse, va.

— J'y vais, dit froidement Pallavicini en serrant les mains de son ami.

Un instant après il remontait les degrés du palais Durazzo et se mêlait à la foule des conviés, cherchant à attirer sur lui les regards de l'époux du jour.

Le comte Brignole recevait les adieux de quelques jeunes seigneurs, ses intimes, lorsqu'il vit entrer mystérieusement Pallavicini, qui lui fit un signe du doigt. Ils se retirèrent à l'écart dans un de ces pavillons qui dominent la rue.

Pallavicini prit un air grave, et, d'une voix émue, dit au comte :

— Je vous demande pardon de vous déranger en ce moment. Mais l'affaire est pressante. Connaissez-vous le marquis Gippino?

— Je ne le connais pas, dit le comte; mais je sais qu'une haine mortelle a régné de tout temps entre mon père et lui.

— Son fils vous attend au puits de la vallée du Lerbino; il m'a pris pour son second; avant que vos amis ne s'éloignent tous, choisissez le vôtre.

Le comte Brignole demeura muet.

— Comte Brignole, ajouta Pallavicini, ma parole est-elle assez claire?

— Je ne refuse pas satisfaction à un Gippino; je la lui donnerai demain.

— Demain votre ennemi, qui n'est pas libre de son temps, sera sur la route de Florence, et il publiera partout votre déshonneur.

— Voilà un singulier moment pour un cartel! Ils choisissent heureusement les Gippino! Eh bien! soit, je lui demande une heure...

Et il se dirigeait vers sa chambre nuptiale; la caméristre de la comtesse venait d'en sortir, le sourire aux lèvres.

— Une heure! dit Pallavicini en l'arrêtant; je n'ai pas le pouvoir de vous donner une minute de répit; nous avons déjà même perdu beaucoup de temps...

— Mais c'est une affaire grave, comte Pallavicini; au moins le temps d'embrasser ma femme...

— Rien; le temps de prendre vos armes, voilà tout; chaque minute qui s'écoule ôte un grain d'or à votre blason.

— Que faire? Que faire? murmura le comte Brignole entre ses dents.

— Me suivre, répondit Pallavicini.

— Voilà une tyrannie inconcevable! Je reconnais bien là les Gippino, tels que mon père me les a dépeints cent fois. Voici mon épée : allons!

Il se retourna vers le groupe d'amis qu'il venait de quitter et dit :

— San-Gallo, si vous pouvez me donner un instant, je vous prie de m'accompagner jusqu'à l'église de la Consolation.

— Vous allez faire votre prière bien loin avant de vous coucher, comte Brignole, dit San-Gallo en riant.

— C'est ainsi, répliqua froidement le comte; voulez-vous m'accompagner?

Les trois acteurs de cette scène descendirent à la rue et marchèrent silencieusement jusqu'à la poterne; là, ils trouvèrent un homme enveloppé d'un manteau qui paraissait les attendre.

— C'est notre champion, sans doute, dit le comte Brignole.

— C'est lui, répondit Pallavicini.

— Vous connaissiez donc Gippino?

— Nullement, il m'a rencontré dans la strada Balbi; il m'a demandé si j'étais noble; sur ma réponse, il m'a expliqué son affaire; j'ai accepté.

— Vous avez bien fait; au moins, avec vous, nous n'aurons pas à craindre de guet-apens. Nous sommes entre amis et connaissances.

— C'est ce que j'ai pensé.

— Merci.

On entra dans la campagne; Van-Dick marchait le premier, en avant d'une vingtaine de pas; il s'arrêta dans un petit bois de tamarins, dont les sombres rameaux augmentaient encore l'obscurité de la nuit.

— C'est donc ici, comte Gippino, que vous voulez inaugurer votre champ-clos avec ceux de ma noble maison?

Van-Dick, jetant à terre son manteau, mit l'épée à la main et ne répondit pas.

— Je vous préviens, continua Brignole, que je vais me défendre vigoureusement, car je ne veux pas faire une veuve la première nuit de mes noces.

Van-Dick bondit sur le terrain et se mit en garde. Ces paroles l'avaient mordu au cœur comme le dard acéré de la vipère. Il lui tardait d'en finir avec cet homme qui l'insultait avec son bonheur insolent jusque sur le terrain du combat. Les deux adversaires croisèrent aussitôt le fer. Le combat ne fut pas long; Van-Dick reçut un violent coup d'épée dans le bras droit; faible de constitution, et déjà prédisposé aux atteintes de la phthisie qui le consuma jeune encore, épuisé d'ailleurs par toutes les angoisses de ce terrible jour, il tomba de faiblesse sur le gazon.

— Je vais vous envoyer un chirurgien, dit froidement le comte Brignole.

Et il partit avec San-Gallo.

Pallavicini, resté seul, prodiguait ses soins au malheureux artiste blessé.

— Mon ami, lui dit Van-Dick, j'ai assez d'argent pour racheter ton palais et ta villa; je te le donne. Cours après cet homme, et bats-toi avec lui; tu seras plus heureux que moi, tu le tueras.

— Ton sang coule, il faut que j'arrête ton sang : calme-toi! la fièvre te brûle!...

— Laisse-le couler, mon sang; laisse-moi mourir... Sais-tu bien qu'il va rentrer en triomphe dans son palais; que des pleurs de joie, que des caresses de feu l'attendent là-bas; que le paradis va s'ouvrir pour lui, l'enfer pour moi? Va, te dis-je, atteins cet homme avant qu'il soit aux remparts!

— Calme-toi, calme-toi! te dis-je : demain, foi de comte Pallavicini, nous recommencerons. Laisse-moi te panser.

— Ah! tu as peur!

— Allons! voilà qu'il m'insulte maintenant! Arrête, ne bouge pas!

— Eh bien! je vais courir après lui, moi... laisse...

laisse... Que m'importe la vie, s'il rentre à son palais... je vais... Malédiction !

Il s'évanouit.

Lorsqu'il revint à lui, le jour commençait à poindre sur la crête des Apennins.

— Quel horrible songe ! s'écria-t-il.

Ce furent ses premiers mots.

Il promena dans la campagne des regards effarés, et baisa les mains de Pallavicini en les arrosant de larmes ; puis, désignant du doigt le gazon ensanglanté, il sourit avec amertume, et leva les yeux au ciel avec une expression que les grandes âmes seules peuvent donner à leur visage dans les heures de désespoir consommé.

— Te sens-tu assez fort pour rentrer en ville ? dit Pallavicini, qui continuait à le veiller avec une délicatesse touchante.

— Oui... mais que faire en ville maintenant ?.. Tout est perdu... regarde comme le soleil se lève riant ! comme la nature est joyeuse ! J'ai entendu chanter l'alouette ce matin dans un rêve... Dieu nous fait toujours de ces ironies-là... Que lui importe mon malheur, à la nature ?.. Si elle prenait son crêpe noir à chaque être qui souffre, ce serait un deuil éternel... C'est bien ! habille-toi d'azur et d'or, beau ciel d'Italie, cela réjouit la misère de tes enfants.

— Je crois que nous pourrions rentrer tranquillement Pallavicini.

— Oh ! toi, tu es de marbre, comme la villa que tu as fait bâtir... As-tu aimé quelquefois ?

— Cent fois, mais de ta force, jamais.

— As-tu aimé des femmes qui t'ont montré de l'amour, dans un jour de coquetterie, et se sont mariées avec d'autres ?

— Certainement.

— Eh bien ! qu'as-tu fait alors ?

— Je me suis consolé.

— Tiens, c'est singulier ; ta parole me calme. Donne-moi ta main que je la serre, c'est la main d'un ami, tu me fais du bien.

— Vive Dieu ! te voilà en convalescence ! Prends mon bras, et gagnons la ville en nous promenant, comme si nous étions sortis ce matin avant l'aube. Écoute ; la comtesse Bri...

— Oh ! ne prononce pas son nom !

— Soit, la comtesse est belle, belle à ravir, c'est vrai ; elle a un teint rose transparent, des yeux lumineux et azurés comme le golfe de Gênes, des lèvres de corail, des dents de perles, un cou d'ivoire, des épaules sculptées avec amour, une taille, oh ! une taille ! Je ne connais qu'une femme qui ait une taille comme celle-là : c'est la Vénus de ton ami Titien de Venise. Quant à son esprit, à ses qualités du cœur et de l'âme, tu ne m'en as jamais parlé ; je vois que tu t'en soucies fort peu... Ainsi, donne-moi vingt-quatre heures, je te donne une autre comtesse Brignole.

— Oh ! tais-toi ! tais-toi ! impossible !

— Impossible ! je veux te donner mieux que la comtesse Brignole... Moi, j'ai perdu mon palais ; qu'on m'en donne un plus beau, et je me console tout de suite, foi de grand seigneur !.. Bon !.. tu souris, nous allons mieux. Laisse de côté ces alouettes qui chantent, et la nature qui se moque de toi, parle raison. Mon ami, toutes les comtesses d'Italie ne valent pas le sang qui vient de sortir de tes veines d'artiste... Une femme se retrouve, un artiste comme toi, jamais !

— Mais voyons, trêve d'éloges : de quelle autre femme veux-tu parler ?

— Bénie soit *Notre-Dame du Remède*, qui demeure dans la rue où nous allons entrer ! nous sommes guéri ! Ah ! tu t'intéresses déjà à une autre femme !..

— C'est curiosité pure...

— J'entends... Eh ! mon Dieu ! l'amour d'un artiste n'est, je crois, qu'une curiosité délirante. Si la Vénus de la villa Adriani était enfouie à mille pieds sous terre, tu te ferais fossoyeur au grand soleil pour l'exhumer, la voir et l'embrasser le premier...

— C'est vrai.

— Vous êtes des hommes maîtrisés par vos sens ; aussi votre inconstance est passée en proverbe ; vous vous faites un musée de maîtresses, comme un cabinet de tableaux ; c'est votre métier, vous étudiez la nature ; vous ne voyez qu'un beau modèle là où un autre homme verrait l'objet idéal et rêvé d'une platonique et immortelle passion. Eh bien ! je veux te donner un modèle qui ferait se draper de jalousie la Vénus Aphrodite dans son bain.

— Son nom ?

— Tu le sauras demain ; j'ai promis. Aujourd'hui guéris ta fièvre, et dors.

En causant ainsi, les deux amis étaient arrivés à la porte de leur maison, sur la place de l'Annonciade, par des rues détournées. La ville était encore plongée dans le sommeil. Un chirurgien fut appelé ; il trouva la blessure fort légère, malgré la grande abondance de sang répandu. Il ne conseilla pour régime que vingt-quatre heures de repos.

IV.

Grâce au comte Pallavicini, qui s'était constitué le gardien et le médecin moral de son ami, cette ordonnance fut suivie dans sa rigoureuse simplicité. Aussi, après vingt-quatre heures, la fièvre avait complètement disparu et l'artiste se trouvait en état de se lever.

Le lendemain, à midi, un domestique, à la livrée de Brignole, porteur d'une missive, entrait dans l'appartement de Van-Dick. Pallavicini habillait l'artiste, qui était encore faible et bien pâle. Le comte Brignole priait Van-Dick de se rendre à son palais.

— Voilà un étrange incident, dit le peintre ; que me veut le comte ?.. il ne me connaît pas ; il ne m'a jamais vu.

— Il faut aller voir cependant, dit Pallavicini. Veux-tu que je t'accompagne ?

— Certainement, je n'irai pas seul... c'est quelque piège infernal. Le comte s'est douté de quelque chose... Oh ! vite, vite, au palais Durazzo.

— C'est bien fâcheux ; je crains une rechute pour toi, tu vas la revoir, et...

— Elle, la revoir ? Jamais ! jamais ! Je verrai le

comte; je n'ai besoin de voir que le comte... Oh! la revoir! Et pourquoi? J'expirerais devant elle de honte, de jalousie, de désespoir... Viens...

— Tu n'es pas assez calme pour brusquer ainsi cette visite... Le comte n'est pas si pressé, sans doute. Nous devrions attendre demain ou ce soir...

— Pas une minute de plus...

— Hélas! nous voilà retombé.

— Oh! tu ne me connais pas! C'est fini, te dis-je; cette femme n'est plus pour moi qu'un souvenir, un rêve pénible... Allons à Durazzo.

— Allons!

Van-Dick s'était habillé magnifiquement; mais l'éclat de son costume ne pouvait dissimuler sur sa figure sa souffrance et son agitation; il était horriblement pâle et sa démarche, qu'il s'efforçait de rendre hardie, était chancelante comme celle d'un convalescent. Il avait enfoncé la main de son bras blessé dans un crevé du pourpoint, comme par contenance; il s'appuyait de l'autre sur la rampe de marbre de l'escalier du palais. Pallavicini le suivait en soupirant.

Il fut introduit dans la galerie où le comte ne se fit pas attendre.

— Seigneur Van-Dick, dit-il en courant vers lui, veuillez bien excuser mon indiscrétion : j'ai appris que vous étiez de retour dans notre ville; je n'avais pas eu l'honneur de vous y connaître à votre premier séjour : aussi me suis-je empressé de vous offrir cette fois mon amitié et mon palais. Durazzo est l'hôtellerie des grands artistes, n'est-ce pas, comte Pallavicini?

Van-Dick s'inclina et ne répondit rien : il était bouleversé de cet accueil.

Son ami imita son silence. Une légère inclination de tête fut toute sa réponse à la parole du comte Brignole.

— Je vous prie de prendre un fauteuil, messieurs, continua le maître du palais, j'ai à vous parler d'une petite affaire, à vous, seigneur Van-Dick. Je me suis marié avant-hier : sans fatuité, je puis dire, que c'est un mariage d'inclination; je veux que notre intimité se forme sous des auspices dignes de votre talent et de ma fortune; je veux que vous fassiez le portrait de ma femme. Quand même je couvrirais votre toile de sequins, je serais toujours votre obligé.

Van-Dick s'inclina de nouveau. Ce silence fut interprété comme timidité d'artiste en face d'un grand seigneur.

— Quel jour le modèle pourra-t-il se mettre à votre disposition?

— Aujourd'hui. Je suis prêt, répondit Van-Dick d'une voix éteinte.

— Vous êtes charmant, seigneur artiste; vous allez au-devant de mes vœux. Vous trouverez dans mon atelier des toiles toujours prêtes; je veux un portrait en pied, comme celui de la marquise de Velletri, que vous avez peint et qui est un chef-d'œuvre, comme tout ce que vous faites...

Van-Dick laissait parler le comte Brignole sans lui répondre. Celui-ci, croyant en avoir assez dit sans doute pour flatter l'amour-propre de l'artiste, se tourna vers son ami :

— Ah! dites-moi, comte Pallavicini, comment avez-vous laissé notre champion du Lerbino? Donnez-moi de ses nouvelles.

— Il est parti ce matin pour Florence.

— C'est un spadassin payé par les Gippino; j'ai su cela. Mes ennemis ont voulu me faire assassiner le jour de mes noces; c'était bien imaginé. Messeigneurs, soyez assez bons pour m'attendre ici un *momentino*; je vais vous amener ma femme.

Et il rentra dans ses appartements.

Van-Dick et Pallavicini se regardèrent quelque temps sans parler.

— Un bon conseil, Van-Dick, un conseil d'ami dévoué; le veux-tu?

— Oui.

— Pars.

— Impossible! Que dirait le comte?

— Que t'importe?

— Il me croira fou.

— Dans un quart d'heure, si tu restes, tu le seras tout à fait. Préviens le coup.

— Je m'abandonne à mon destin.

— Mais songe que tu es blessé, que ta main ne peut manier le pinceau.

— Je peindrai de la main gauche.

— Tu es pâle, tu souffres, tu es faible et agonisant; tu vas périr à l'œuvre.

— Tant mieux.

La porte s'ouvrit, et la comtesse entra.

On aurait dit qu'elle illuminait la galerie des rayons de son éblouissante beauté. Pallavicini lui-même réprima une exclamation de surprise qui lui était arrachée, car il ne l'avait jamais vue si belle. Elle portait une robe de soie noire brochée : ses épaules et ses bras étaient à découvert, et l'étoffe faisait merveilleusement ressortir leur blancheur lumineuse. Elle salua d'un sourire céleste les deux étrangers; et, s'adressant à Van-Dick, elle lui dit avec une grâce incomparable :

— Maître, quand il vous plaira, je suis à vos ordres; c'est bien de l'honneur pour moi de poser devant un artiste tel que vous.

— Passons à l'atelier, dit le comte Brignole; le seigneur Van-Dick choisira à sa guise ses palettes, ses toiles et ses pinceaux.

V.

Les quatre acteurs de cette scène entrèrent alors dans l'atelier de peinture, qui était contigu à la galerie.

Comme l'avait dit le comte, tout s'y trouvait préparé d'avance et l'artiste n'avait qu'à choisir.

— Maintenant, poursuivit le comte, vous êtes entièrement chez vous ; et c'est à nous de vous demander si vous nous permettez, maître, de rester ?

Van-Dick n'appartenait plus à la terre, il ne répondit pas ; mais Pallavicini, prenant en pitié l'amour de son ami, dit avec le plus grand sang-froid au comte :

— Je connais Van-Dick : c'est un de mes vieux amis ; il faut le mettre à l'aise : il n'aime pas peindre devant témoins ; sortons.

Et il donna l'exemple. Le comte le suivit.

La comtesse et Van-Dick restèrent alors seuls dans l'atelier déserté.

— Je ne connais rien de beau comme votre portrait de la marquise de Velletri, dit la comtesse d'un ton familier, comme pour engager lestement la conversation.

— Je ferai tous mes efforts pour mériter encore aujourd'hui votre approbation, répondit timidement le peintre.

— Elle vous est acquise d'avance, maître. Je ne la connais pas, la marquise de Velletri ; est-elle bien ?

— Je ne l'ai jamais vue, madame...

— Comment ! sans l'avoir vue, vous avez fait son portrait !

— Ah ! la marquise de Velletri... Excusez-moi, madame ; je suis tout à ma palette, à mes couleurs... Elle est assez bien, je crois.

— Il paraît que vous oubliez facilement vos modèles... Oh ! vous allez me peindre assise ! je n'aime pas cette pose, je veux être debout, riante, et une fleur à la main. Cette robe vous plaît-elle ?

— Non, madame.

— Ah ! Et qu'a-t-elle de mal ? vous la trouvez trop sombre peut-être ?

— J'aime mieux celle que vous portiez l'an dernier, à la fête du palais Doria.

— Vous étiez au palais Doria le jour des Rogations ? Ah ! je ne vous ai pas vu.

— J'ai eu l'honneur de danser avec vous, de vous parler... Il paraît que vous oubliez aussi facilement vos danseurs que moi mes modèles...

— C'est charmant ce que vous dites là, maître ! j'ai eu tant de danseurs, moi !

— Et moi tant de modèles !

— Vous êtes piqué, seigneur Van-Dick ; excusez une plaisanterie... Mais si nous causons toujours ainsi, mon portrait n'avancera pas.

— Votre portrait est fini, madame.

— Fini ! Il n'y a rien sur la toile ! vous n'avez pas donné un seul coup de pinceau !

— Oui, madame, fini depuis un an. Nous pouvons sortir.

Van-Dick se leva, salua la comtesse et marcha d'un pas ferme vers la porte.

— Sérieusement, vous sortez ainsi ? dit la comtesse. Vous partez ?

— Je sors, et vous me permettrez d'emporter la clé de l'atelier ; je n'ai pas besoin qu'on me dérange et je veux rentrer ce soir pour mettre la dernière main à votre portrait.

— Faudra-t-il que je pose ?

— C'est inutile, le portrait est fait.

— Je n'y comprends plus rien. Quand me donnerez-vous le mot de cette énigme ?

— Demain.

— Dois-je en parler à mon mari ?

— Comme vous voudrez.

— Je n'en dirai rien.

— Ce sera mieux.

Van-Dick ferma la porte de l'atelier à double tour et alla rejoindre, sur la terrasse, le comte et Pallavicini.

— Voilà une première séance bien courte et qui ne fatigue pas, dit Brignole.

— Je viendrai ce soir faire la dernière, répondit le peintre d'une voix calme.

— C'est vraiment d'une merveilleuse facilité ! il n'y a que vous, maître, pour travailler ainsi.

Van-Dick et Pallavicini sortirent du palais ; et quand ils eurent dépassé l'église Saint-Charles, Pallavicini interrogea brusquement son ami.

— Voyons, comment te trouves-tu ?

— Guéri.

— Complètement ?

— Il ne me manque plus que le remède dont tu m'as parlé. Maintenant il sera efficace.

— Tu l'auras !

— Une folle échappée du couvent ! une étourdie qui vous tue à chaque mot ! deux jours de mariage et les allures d'une coquette de quarante ans !

— Bien, bien ! je suis content de toi, mais il faut persister dans cette conversion...

— Oh ! sois tranquille... Comment nommes-tu cette personne dont tu m'as tant parlé ?

— Ce soir, nous la verrons, je te le promets... Tout est préparé. On t'attend.

— A ce soir, donc ! attends-moi devant Saint-Charles à sept heures ; j'ai une affaire à terminer.

Van-Dick courut chez lui et détacha du mur de son alcôve un tableau sans cadre et voilé ; c'était le portrait en pied de la comtesse Brignole qu'il avait peint de souvenir, magnifique chef-d'œuvre, exécuté dans le délire d'une ardente passion ; seulement on s'apercevait que la main si ferme de l'artiste avait tremblé sur le sein de l'adorable femme et que l'émotion de l'amant avait trahi la vigueur ordinaire de son pinceau.

Van-Dick s'enveloppa de cette toile comme d'un vêtement, jeta son manteau par-dessus, et retourna au palais Durazzo. Il traversa hardiment la galerie sans se faire annoncer, ouvrit l'atelier, et plaça dans

Je veux être debout, riante, et une fleur à la main.

un cadre le portrait de la comtesse; puis, appelant un domestique, il lui dit:

— Annoncez à M. le comte que le portrait de sa femme est terminé.

Et il sortit.

Quelques jours après, il épousait la fille de lord Rutwen, comté de Gorée; mariage qu'il improvisa, grâce aux actives et intelligentes négociations de Pallavicini. Mais le pauvre artiste avait été blessé au cœur: il mourut de phthisie à l'âge de quarante ans. Les femmes ont tué beaucoup d'artistes et les artistes n'ont jamais tué de femmes.

Telle est l'histoire qui m'a été contée un jour au palais Durazzo, à Gênes, devant le portrait de la comtesse Brignole, peint par Van-Dick.

FIN DE VAN-DICK AU PALAIS BRIGNOLA.

www.ingramcontent.com/pod-product-compliance
Lightning Source LLC
Chambersburg PA
CBHW060717050426
42451CB00010B/1485